Simon Hahnzog
Die Chance der Unvollkommenheit

Simon Hahnzog

Die Chance der Unvoll- kommenheit

Warum unsere Schattenseiten
der Schlüssel zu unserem Potenzial sind

kailash

Verlagsgruppe Random House FSC® N001967

1. Auflage
Originalausgabe
© 2016 Kailash Verlag, München
in der Verlagsgruppe Random House GmbH
Neumarkter Str. 28, 81673 München
Lektorat: Ralf Lay
Illustrationen: Florian Mitgutsch
Umschlaggestaltung: ki 36 Editorial Design, München, Daniela Hofner
Umschlagmotiv: Beatrix Boros/stocksy
Satz: Buch-Werkstatt GmbH, Bad Aibling
Druck und Bindung: Friedrich Pustet, Regensburg
Printed in Germany
ISBN 978-3-424-63114-2

www.kailash-verlag.de

Für mich.

»*In Wirklichkeit aber ist kein Ich,*
auch nicht das naivste, eine Einheit, sondern eine
höchst vielfältige Welt,
ein kleiner Sternenhimmel, ein Chaos von Formen,
von Stufen und Zuständen,
von Erbschaften und Möglichkeiten.«

Hermann Hesse, *Der Steppenwolf*

Inhalt

Prolog

Es ist dunkel da unten

Psst! Seien Sie jetzt mal ganz leise.

Lauschen Sie in sich hinein. In Ihren Bauch, Ihr Herz oder wo auch immer Sie Ihre Persönlichkeit verorten.

Hören Sie es?

Hören Sie schon die ersten inneren Stimmen? Die lauten, die täglich zu Ihnen sprechen und die Sie nur allzu gut kennen?

Hören Sie noch etwas genauer hin. Ganz tief hinunter in den Keller Ihrer Persönlichkeit.

Zunächst dürfte es nicht mehr sein als ein Flüstern, vielleicht auch nur ein Wimmern. Aber je sorgfältiger Sie Ihre Ohren nach innen richten, desto klarer können Sie einzelne Stimmen unterscheiden. Stimmen, die Sie schon länger ignoriert, überhört oder zum Schweigen gebracht haben. Stimmen, die für diejenigen Facetten Ihrer Persönlichkeit sprechen, auf die Sie nicht besonders stolz sind. Stimmen, die besser nicht nach außen dringen sollten?

Wenn Sie noch ein bisschen warten, finden sich die Stimmen Ihrer verborgenen Persönlichkeitsanteile, Ihrer Kellerkinder, sogar zu einem lautstarken Chor zusammen. Ein Stimmengewirr, das nach Enttäuschung klingt, in dem sich aber vor allem auch zahlreiche Möglichkeiten verbergen. Chancen. Potenziale.

Da sind zum einen Ihre Schwächen. Solche, die Ihre guten Freunde noch als liebenswerte Macken bezeichnen, weil sie Ihnen Ecken und Kanten verleihen, Ihrer Persönlichkeit ein Profil geben. Egal ob es sich um Dickköpfigkeit oder Schusseligkeit, einen Hang zum Chaos oder zur Unpünktlichkeit handelt – in der obersten Ebene Ihres Persönlichkeitskellers kennen Sie sich wahrscheinlich noch ganz gut aus. Was nicht heißen muss, dass Sie sich hier wohl und behaglich fühlen. Ich könnte mir vorstellen, dass Sie es verlockend fänden, wenn sich manch einer dieser ungeliebten Anteile Ihrer Persönlichkeit verabschieden oder zumindest für längere Zeit verstummen würde. Wie schön wäre die Vorstellung, wenn Sie ab sofort immer diplomatisch und kontrolliert, geordnet und pünktlich wären?

Aber so viel möchte ich Ihnen gleich verraten: Das wäre fatal!

Denn genau in den Schattenseiten Ihrer Persönlichkeit steckt Ihr größtes Entwicklungspotenzial. Jede Macke, jede Schwäche verleiht Ihnen nicht nur Charakter, sondern auch Möglichkeiten.

Wenn Sie schon mal dabei sind, gehen Sie doch noch ein Stockwerk tiefer in Ihren Persönlichkeitskeller. Nur Mut. Dort warten zwar einige finstere Gesellen – sieben von ihnen sind sogar besser bekannt als *Todsünden* –, aber auch diese offenbaren so manche Ressource, sobald etwas Licht zu ihnen vordringt.

Gut, *Zorn, Völlerei, Trägheit und Konsorten* genießen

schon seit langer Zeit nicht den besten Ruf. Aber auch die dunkelsten Schattenseiten gibt es nicht ohne Grund. Auch sie verkörpern Eigenschaften, auf die Sie besser nicht verzichten sollten.

Möglicherweise schreckt es Sie ab, hinter den düsteren, unmoralischen Spielarten der menschlichen Persönlichkeiten nach Möglichkeiten zu suchen. Das kann ich durchaus verstehen. Wenn die dunkelsten aller Persönlichkeitsanteile über die Stränge schlagen, kann es nämlich schnell ziemlich unangenehm werden. Nicht umsonst sind diese so gefürchtet, dass man angeblich sogar in der Hölle schmoren muss, wenn man sie zum Einsatz kommen lässt. Aber es muss doch einen Grund geben, warum die Menschen nicht nur himmlische Tugenden wie *Geduld, Mäßigung* oder *Fleiß* in ihrer Persönlichkeit vereinen, sondern auch diese dunklen Seiten. Und es sind sogar noch einige mehr, die sich im Keller verbergen oder dorthin verbannt wurden.

Ich bin der festen Überzeugung, dass auch die dunkelsten Schattenseiten der Persönlichkeit viel Potenzial zur Verfügung stellen. Es kommt nur darauf an, sie wieder mal ans Tageslicht der oberen Etagen zu holen, statt im Keller der Persönlichkeit einzusperren.

Statt den inneren Schweinehund zu bekämpfen, sollten Sie vielmehr lernen, mit ihm zu tanzen.

Darum geht es in diesem Buch.

Wollen Sie jetzt mitkommen auf einen Rundgang durch das Haus der Persönlichkeit? Der Persönlichkeit im Allgemeinen und vor allem *Ihrer* im Besonderen?

Wir werden dabei Licht ins Dunkel des Kellers bringen. Dorthin, wo die Schattenseiten wohnen. Und wir werden auch die ein oder andere dunkle Seite von Lichtgestalten der Persönlichkeit erkunden.

Treten Sie ein.

1.

Sie sind nicht allein

Der Keller im Haus der Persönlichkeit ist ganz schön unübersichtlich mit seinen verborgenen Winkeln, dunklen Ecken und finsteren Gewölben. Natürlich hat jedes Haus der Persönlichkeit auch lichtdurchflutete Räume, luftige Hallen und vollgeräumte Speicher zu bieten. Aber ich werde in diesem Buch vor allem einen Blick auf die vielfältigen ungeliebten Anteile der Persönlichkeit werfen, auf unsere Schwächen, Schattenseiten und sündigen Eigenschaften – die hochgeschätzten Stärken kommen dadurch automatisch zur Sprache.

Ich möchte Ihnen allerdings nicht nur einen lebendigen Eindruck davon vermitteln, was meiner Sichtweise nach als Persönlichkeit und ihrer Entwicklung zu verstehen ist. Vielmehr sollen *Sie selbst* ins Handeln kommen, damit Sie Ihre Persönlichkeit entwickeln können.

Oder, wie es ein Kollege beschreiben würde: »Nicht der Autor, sondern der Leser muss arbeiten.«

Ihre Persönlichkeit ändert sich nicht »einfach so«. Obwohl sich streng genommen schon allein deswegen etwas bei Ihnen verändert, weil Sie diese Zeilen lesen und über das Gelesene nachdenken. Aber ich möchte, dass Sie *aktiv* die Entwicklung

Ihrer Persönlichkeit gestalten. Sollten Sie dabei irgendwann an Ihre Grenzen stoßen, Sie bei dem ein oder anderen Thema nicht weiterkommen oder Angst haben, den nächsten Schritt zu gehen, ist es im Übrigen nur professionell von Ihnen, wenn Sie sich Unterstützung holen – beispielsweise bei einem Coach oder Psychotherapeuten.

Am liebsten würde ich Ihnen alles persönlich erzählen und gemeinsam mit Ihnen weiterentwickeln, aber das ist mit einem Buch eben etwas schwierig. Wir müssen einen anderen Weg finden, um in einen Dialog zu treten. Und da ich mich für die Variante des Schreibens entschieden habe, ist es das Beste, wenn Sie das Gleiche tun.

Also: Seite markieren und raus ins Schreibwarengeschäft Ihres Vertrauens. Besorgen Sie sich dort ein Notizbuch. Das kann natürlich auch ein einfaches Schreibheft oder eine persönliche Tagebuchdatei auf dem Computer sein, mit dem Sie Gedanken festhalten. Aber vergessen Sie nicht, dass es in diesem Buch um Sie gehen wird. Wählen Sie mit Bedacht und Wertschätzung das Richtige für Sie und Ihre Persönlichkeit aus.

Wieder da?

Bevor Sie irgendetwas unternehmen, noch ein Wort zum Titel Ihres Notizbuchs/Schreibhefts/Dokuments[1]: Bitte lassen Sie diesen noch offen. Dazu kommen wir ganz zum Schluss.

---

[1]   Der Einfachheit halber werde ich im Folgenden nur noch von »Ihrem Buch« sprechen – Sie wissen dann schon, was gemeint ist.

Wie bei allen Aufgaben, die ich Ihnen im Weiteren stellen werde, sind Sie nun auf sich allein gestellt, wenn Sie eine Pause zum Nachdenken nehmen oder zum Aufschreiben eines Gedankens oder sogar einer längeren Geschichte. Dabei kann es durchaus erforderlich sein, dass Sie einen Abschnitt ein zweites Mal lesen.

Es spielt übrigens keine Rolle, ob Sie in ganzen Sätzen schreiben oder nur stichpunktartige Abkürzungen verwenden. Hauptsache, *Sie* können damit etwas anfangen. Aus diesem Grund können Sie auch nichts falsch, sondern immer nur alles für Sie richtig machen. Und wenn Ihnen eine Aufgabe mal nicht gefällt – dann lassen Sie sie einfach aus. Schließlich sind Sie alt genug und selbst groß. Oder Sie lesen einfach nur – auch gut.

 [2]

Nachdem wir eingangs einen Blick in die biblischen Vorstellungen von verdrängten, ungeliebten Facetten der menschlichen Persönlichkeit geworfen haben, sollten Sie nun eine erste eigene Bestandsaufnahme vornehmen:
Welche Schwächen und Schattenseiten verbergen sich in *Ihrer* Persönlichkeit?
Gehen Sie in sich und füllen Sie die erste(n) Seite(n) Ihres Buchs

---

[2] Ich gehe eigentlich nicht davon aus, dass Sie nur dann in Ihr Buch schreiben, wenn Sie von mir dazu aufgefordert werden, aber damit keine Unsicherheiten aufkommen: Schreiben Sie, wann immer es Ihnen passt!

mit diesen Gedanken. Nicht lange grübeln, sondern einfach raus damit. Alles, was Ihnen einfällt, zählt.

Mit dieser Auflistung der dunklen Seiten Ihrer Persönlichkeit haben Sie eine gute Basis, um die kommenden Übungen mit Inhalt zu füllen. Spätestens zum Ende des Buchs werden Sie in jeder Schwäche einiges an Potenzial entdeckt haben.

Falls Sie sich nun Sorgen machen sollten, weil Sie so viel Leben im Keller entdeckt haben: Sie sind nicht allein. Es gehört zu uns, dass wir beides haben, helle und dunkle Seiten, Lichtgestalten und Kellerkinder. Auch wenn uns Letztere mehr Sorgen bereiten, sind sie doch genauso wichtig für uns – im Schlechten wie im Guten. Besonders plakativ wird das bei manchen »Unsterblichen«, also bei denjenigen, deren Namen, Gedanken oder Taten bis heute einen messbaren Einfluss auf uns und unsere Persönlichkeit haben.

Anregungen zu meinen Überlegungen zwischen »Genie, Irrsinn und Ruhm« habe ich unter anderem dem gleichnamigen Buch von Wilhelm Lange-Eichbaum entnommen. Er bekräftigte schon zu Beginn des 20. Jahrhunderts, dass Genies weniger aufgrund biologischer Startvorteile zu ihren großen Ideen gelangen konnten, sondern ihre Gedanken vielmehr durch die Wertung und Geltung im Rahmen ihrer Zeit und ihrer Zeitgenossen entstanden. Er bezeichnet dies als »mythische Genussgröße«, die dafür sorgen kann, dass manche Genies als solche und andere als Kranke angesehen werden. Was für die Persönlichkeit von Persönlichkeiten gilt, beschreibt auch einen Wesenszug Ihrer Persönlichkeit: Sie können sich selbst nicht ohne den Spiegel der Gesellschaft, der Familie oder des Kollegenkreises betrachten. Daher möchte ich mit Ihnen einen Blick in unsere illustre Vergangenheit[3] werfen.

König Ludwig II. etwa, Märchenkönig und Mythengestalter, der Bayern zunächst fast ruiniert und an Frankreich ausgeliefert hat – ohne den die »Weltmarke Bayern« von heute aber möglicherweise nicht so stark wäre, wie sie ist. Die Welt wäre ganz sicher um ein paar architektonische Leckerbissen ärmer, die Schlösser Neuschwanstein, Linderhof oder Herrenchiemsee würden nicht jedes Jahr bei Millionen Besuchern romantische Schwärmereien entfesseln.

Was Ludwig veranlasst hat, zum verehrten Sonderling zu werden – ob Verfolgungswahn, Angst vor dem Kontakt mit anderen Menschen, Halluzinationen oder nichts davon –, ist letztendlich nicht so wichtig. Aber es waren wohl dunklere Anteile seiner Persönlichkeit, die ihn sich von der Welt abkehren und fantastische Rückzugsorte bauen ließen. Ob er darin sein Glück gefunden hat oder nicht, können wir nicht beurteilen, wohl aber den Nutzen seines Erbes. Die Grenze zwischen Vision und Größenwahn

---

[3] Ich finde es höchst bedauerlich, dass aus der Vergangenheit so wenige Belege zu den Schattenseiten und zur Schaffenskraft bedeutsamer Frauen vorliegen. Dies ist kein Beweis dafür, dass es sie nicht gab. Aber ich wollte meine historischen Beispiele auf eine fundierte Grundlage betten. Sehen Sie es mir daher nach und ergänzen Sie einfach die folgenden, willkürlich ausgesuchten Persönlichkeiten um die Ihnen bekannten.

ist eine fließende – in jedem »Ver-rückt-sein« verbirgt sich Kreativität.

Manchmal finden sich kreative Lösungen in aller Einfachheit der puren Aggression. So hätte das Weltreich Alexander des Großen wohl gleich zu Beginn geendet, wenn er den Gordischen Knoten statt mit dem Schwert mit dem Verstande zu entwirren versucht hätte. Sogar die gefürchteten Regentage einer depressiven Verstimmung sind elementar für so manche Idee: William Shakespeare schuf den »Hamlet« in einer seiner schwersten Zeiten, unmittelbar nach dem Tod seines Vaters. Johann Wolfgang von Goethe oder Wilhelm Busch hätten ohne einen depressiven Persönlichkeitsanteil möglicherweise nicht diesen genauen Blick für die Eigenschaften und Schwächen anderer gehabt.

Auch in der bildenden Kunst kann die Auseinandersetzung mit dem eigenen Leid zu enormer Schaffenskraft verhelfen. Eine geöffnete Kellertür im Haus der Persönlichkeit verursacht mitunter großes Leid für den Betroffenen, ermöglicht aber auch den Blick in die dunklen Winkel der Welt und die dunkelsten der eigenen Persönlichkeit. In seinen Meisterwerken aus der »Blauen Periode« hätte Picasso möglicherweise nicht Bettler oder Huren, sondern glückliche Landschaftsmotive in Gelb- oder Rottönen gemalt, wenn sein depressiver Anteil nach der Jahrhundertwende nicht die Hauptrolle in seiner Persönlichkeit gespielt hätte.

Vielleicht wäre die Sklaverei bis heute in den USA erlaubt, wenn Abraham Lincoln nicht aufgrund seines melancholischen Anteils so viel über die Ungerechtigkeit der Welt nachgedacht hätte.

Noch mal: Ich rede nicht die belastenden Auswirkungen schön, die ein besonders ausgeprägter Persönlichkeitsanteil für den Betroffenen bedeuten kann. Ich bin der festen Überzeugung, dass diese Schattenseiten zu uns dazugehören. Sie zu bekämpfen ist ein Weg, mit ihnen umzugehen – ihre Potenziale zu nutzen einer, um mit ihnen zu wachsen. Die Welt profitiert in jedem Fall von einer bunten Vielfalt, die auch Grautöne berücksichtigt.

Wenn wir unsere dunklen Begierden ignorieren, werden wir vielleicht von der »zivilisierten Welt« um uns herum eher anerkannt. Wenn wir sie ignorieren und verdrängen, sperren wir aber wesentliche Anteile von uns aus. Die Schwierigkeit liegt darin, dass es kaum möglich ist, das richtige Maß der Balance immer und überall und vor allem im Vorhinein festzulegen. Und manchmal ist es auch ganz schön, wenn wir die Balance überschritten haben und uns mit unseren Schattenseiten gemeinsam berauschen.

Und überhaupt: die berauschenden Anteile!

Was wäre unsere Welt für ein grauer, trister Ort, wenn nicht manche Ausnahmetalente ihrer Fantasie auf die Sprünge geholfen hätten. Vielleicht hätte Vincent van Gogh auch ohne die grüne Fee des großzügig genossenen Absinths seine Wirklichkeit in Farbe zum Ausdruck bringen können, Ludwig van Beethoven sein »Ta-ta-ta-taaa« auch ohne den vielen Wein komponiert und Johnny Cash auch ohne die vielen Tabletten Millionen Schallplatten verkauft. Aber vielleicht hat diesen und anderen Künstlern, Dichtern und Denkern erst ihr berauschender Anteil den Zugang zur entscheidenden Idee ermöglicht, die dann zu ihrem großen Werk wurde.

Irgendwie scheint es überhaupt ein ziemlich menschliches Bedürfnis zu sein, mithilfe der ein oder anderen Substanz die Grenzen der eigenen Wahrnehmung zu überschreiten. Oder vielleicht auch nur die Grenzen der gesellschaftlichen Konvention dessen, was als *normal* angesehen wird.

Verstehen Sie mich bitte nicht falsch: Dies ist kein unkritisches Loblied auf alles, was wir erst mit achtzehn oder eigentlich gar nicht zu uns nehmen dürfen. Aber ein generelles Verteufeln der inneren Anteile, die uns dazu bringen, ein Gläschen, Tütchen oder Pillchen zu konsumieren, wird der menschlichen Persönlichkeit eben nicht gerecht. Auch diese Mitbewohner in unserem Haus erfüllen eine Aufgabe, die von Bedeutung ist. Dass sie über die Stränge schlagen und uns dazu führen können, mehr kaputt zu machen, als zu gestalten, ja sogar krank zu werden oder andere zu verletzten, ist allerdings eine Eigenschaft, die alle anderen Persönlichkeitsanteile auch auszeichnet. Ein »Zuviel« kann bei allen Facetten der Persönlichkeit zu Problemen führen, auch bei denen, die wir als besonders tugendhaft oder erstrebenswert ansehen. Nur merken wir oft erst, dass es zu viel war, wenn wir die Grenze schon überschritten haben.

Das gehört wohl zu den Unwägbarkeiten dessen, was man »Leben« nennt. Egal ob berühmt, verehrt oder verteufelt, in diesem Punkt sind wir Menschen uns alle gleich: Vom Keller bis zum Dach sind wir gefüllt mit unverwechselbaren Eigenheiten, die es uns ermöglichen, die zu sein, die wir sind.

Nach dem Blick in Ihren und den Keller der anderen ist es nun
an der Zeit, ins Licht zu schauen:

Erinnern Sie sich an eine persönliche Erfolgsgeschichte aus Ihrem
Leben. Es kann, muss aber nichts Großes sein. Egal ob sie letzte
Woche passiert ist oder schon Jahre zurückliegt. Irgendetwas,
worauf Sie heute noch stolz sind – oder zum Zeitpunkt des Erlebens stolz waren.

Nun beschreiben Sie zunächst diese Geschichte – wichtig ist dabei
nur, dass Sie die positiven Seiten des Erlebnisses betonen.

Im nächsten Schritt halten Sie bitte fest, welche Ihrer Eigenschaften an diesem Erfolg beteiligt waren. Das dürften wahrscheinlich
solche Anteile Ihrer Persönlichkeit sein, auf die Sie stolz sind,
die einen großen Teil Ihres Glanzes ausmachen.

Und jetzt begeben Sie sich noch mal in den Keller Ihres Persönlich-
keitshauses. Schauen Sie sich in aller Ruhe um – langsam werden Ihnen Ihre Kellerkinder immer vertrauter. Suchen Sie bitte eins
aus, das bei Ihrer Erfolgsgeschichte auch eine Rolle gespielt hat.
War es vielleicht die angriffslustige Verbohrtheit, die Sie immer
wieder hartnäckig an einem Problem weiterarbeiten lässt, auch wenn
es andere schon nicht mehr hören können?

War das kreative Chaos beteiligt, das Sie so wunderbare Ideen haben
lässt, aber Ihre Welt eben auch gern ins totale Durcheinander führt?
Oder vielleicht der Zorn, Ihre Aggressivität, die andere verletzen
und vertreiben kann, die in dieser Geschichte aber dazu geführt
hat, dass Sie Ihre Meinung oder Bedürfnisse durchgesetzt haben,
statt verfrüht aufzugeben?

Sie finden sicher einen Anteil in Ihrem Persönlichkeitskeller, auf den
Sie normalerweise nicht sonderlich stolz sind, den Sie gern verdrängen

oder unter den Tisch kehren. Ohne den Ihr Erfolg in dieser Geschichte
aber vielleicht auch nie eingetreten wäre.
Sobald Sie diesen Anteil gefunden haben, können Sie aus dem Kel-
ler wieder aus Licht treten.[4]

Lösen Sie sich nun im letzten Schritt dieser Übung von Ihrer
Erfolgsgeschichte und widmen Sie sich ganz diesem dunklen Anteil.
Beschreiben Sie ihn in seinen Schattenseiten, also das, was ihn so
anstrengend für Sie und andere macht, warum er peinlich, unan-
genehm, beängstigend auf Sie wirkt.
Und beschreiben Sie auch die Seiten, die für Sie von Nutzen
sind. Einen Vorteil, ein Potenzial, eine Ressource, die er Ihnen
ermöglicht. Auch wenn es mühsam wird: Bevor Sie nicht min-
destens einen positiven Aspekt gefunden haben, dürfen Sie nicht
weitermachen. Es reicht, wenn es ein klitzekleiner Vorteil ist, den
Sie durch ihn haben – aber dieser eine muss es zumindest sein.
Da bin ich wirklich streng.

Stehen Sie jetzt auf und strecken Sie sich ein bisschen. Machen Sie eine Pause oder einen kleinen Spaziergang; und wenn Sie wieder so weit sind, kann es weitergehen. Schließlich soll es nicht nur bei dieser einen Geschichte und auch nicht nur bei den Kellerkindern der Persönlichkeit und ihren prominenten Vorbildern bleiben.

---

[4] Sollten Sie nicht gleich fündig geworden sein, gönnen Sie sich eine Verschnaufpause und gehen Sie dann mit etwas Abstand wieder hinunter. Irgendwann werden Sie sicher einen finden – auch wenn Ihre Schattenseiten ein noch so geschicktes Versteckspiel mit Ihnen treiben.

Die nächsten Schritte zur Entwicklung Ihrer Persönlichkeit werden Sie jedoch nur dann auf sicheren Beinen bewältigen, wenn Sie zumindest eine vage Vorstellung davon haben, warum Sie das tun.

Entwicklungen müssen sich lohnen!

Deswegen ist es sinnvoll, wenn Sie sich die Frage »Warum sollte ich meine Persönlichkeit überhaupt entwickeln?« nicht nur stellen, sondern auch beantworten.

Schriftlich.

In Ihrem Buch.

Denn nur in diesem Fall werden Sie Ihre Persönlichkeitsanteile davon überzeugen können, dass sie in Bewegung kommen sollten.

Was haben Sie davon, wenn Sie sich verändern und entwickeln? Welchen Mehrwert bringt die ganze Mühe im Endeffekt mit sich? Und vor allem: Was soll bei aller Veränderung so bleiben, wie es ist?

Also anders ausgedrückt: Was ist der Preis, den Sie bezahlen müssen? Und was bekommen Sie dafür?

Schnappen Sie sich Ihr Buch und suchen Sie nach Antworten auf diese Fragen. Das könnte etwas dauern und möglicherweise im Moment auch noch nicht zu einer abschließenden Antwort führen – lassen Sie also etwas Platz frei, sodass Sie auch später noch neue Ideen zu diesen Überlegungen nachtragen können.

Um es gleich vorwegzunehmen: Die genaue Antwort auf diese Fragen können ausschließlich Sie selbst geben. Mir ist es an dieser Stelle nur wichtig zu betonen, dass ich mit dem Begriff »entwickeln« keineswegs ein Defizit beim derzeitigen Zustand Ihrer Persönlichkeit ausmachen möchte. Auch bin ich weit entfernt von der Annahme, dass wir uns immerzu entwickeln und verändern müssten. Zum Glück gibt es zahlreiche Zeiten im Leben, in denen es »einfach mal gut ist«. In denen wir genau richtig sind, so wie wir sind.

Unter Entwicklung verstehe ich vielmehr die Möglichkeit, einen Zustand in den nächsten überzuführen. Dabei berücksichtigt der neue Zustand sowohl den bisherigen als auch die neue Situation. Im Sinne von *Weiter*entwicklung meine ich damit nicht nur ein »Anders« – sprich: Veränderung ohne Bezug zur vorhergehenden Situation –, sondern ein »Mehr«, da sich die spätere Struktur der Persönlichkeit auf die vorhergehende bezieht. Für mich ist also der zentrale Unterschied von Veränderung und Entwicklung das Einbeziehen der *Erfahrung*. Deswegen sind Sie selbst der Einzige, der Ihre Persönlichkeit entwickeln kann. Nur Sie können Ihre Erfahrungen genauso wie Ihre Wünsche und Erwartungen formulieren.

Entwicklungsprozesse verlaufen keineswegs immer geradlinig und stetig. Manchmal machen wir Erkenntnissprünge, und manchmal haben wir das Gefühl, uns überhaupt nicht vorwärtszubewegen. Oder vielleicht sogar rückwärts. Rund um unsere Persönlichkeit ist das nicht nur völlig normal, sondern auch ziemlich funktional. Denn nicht alles, was im

Moment hilfreich ist, brauchen wir unverändert übermorgen oder in ein paar Jahren. Die Welt dreht sich stetig weiter, sodass wir immer wieder in neue Situationen kommen und vor neuen Herausforderungen stehen. Außerdem verändern wir selbst immer wieder unsere Bedürfnisse, wie Sie sich im Laufe der Lektüre deutlich vor Augen bringen werden. Genau diese Veränderungen tragen nicht unerheblich dazu bei, dass es immer weitergeht.

Da es ziemlich schwierig ist, die Welt – geschweige denn die Menschen in unserem Umfeld – zu verändern, bleibt Ihnen daher oft nur die Möglichkeit, sich selbst zu entwickeln.

Klingt vielleicht erst mal anstrengend.

Gibt Ihnen aber jederzeit die Möglichkeit, selbst aktiv zu werden, statt lediglich abzuwarten, bis sich »die anderen« endlich kollegialer, aufgeschlossener, freundlicher verhalten. Noch dazu, weil es fast unmöglich ist, »die anderen« dazu zu verpflichten, dass sie so werden, wie wir es uns gerade wünschen.

2.

Die Architektur der Persönlichkeit

Persönlichkeit.

In unserem alltäglichen Sprachgebrauch hat dieser Begriff eine bunte Palette an Bedeutungen:

Er kann sowohl das Individuum als auch die Besonderheiten eines Menschen beschreiben. Durch *die* Persönlichkeit bringen wir zum Ausdruck, was einen bestimmten Menschen von anderen unterscheidet. Wir lechzen nach Geschichten über *bekannte* Persönlichkeiten, wenn wir Glück haben, vielleicht sogar *historische* Persönlichkeiten. Manche unserer Zeitgenossen bezeichnen wir gern mal als *kranke* oder *verbrecherische* Persönlichkeit und sind uns insgeheim gar nicht so sicher, was bei denen jetzt so unglaublich anders ist – oder etwa doch?

Anscheinend hat der Begriff an dieser Stelle mit der Unterscheidung zwischen »normal« und »anders« zu tun beziehungsweise »so wie alle« und »nicht so wie wir«.

Nicht zuletzt attestieren wir mit der Zuschreibung *von* Persönlichkeit anerkennend eine gewisse Individualität und Reife, wie etwa in dem Satz »Der ist schon eine richtige kleine Persönlichkeit«, wenn ein Heranwachsender wohlwollend beurteilt wird.

An dieser Stelle eine kleine Randbemerkung: Im Umgangssprachlichen wird häufig der Begriff »Charakter«, gern auch mal »Seele« benutzt, um die Persönlichkeit eines Gegenübers zu beschreiben. Im Fachsprachlichen gilt dies nicht selten auch für die Begriffe »Identität«, »Selbstkonzept«, »Selbst« oder sogar »Psyche« – und zwar in den unterschiedlichsten wissenschaftlichen Disziplinen. Auch wenn meine Fähigkeit zur Klugscheißerei und zur Korinthenkackerei durchaus ausgeprägt ist, lasse ich in diesem Zusammenhang die Kirche im Dorf und sehe diese Bezeichnungen als synonym an.

Sollten Sie darüber hinaus noch andere Vorlieben in der Bezeichnung dessen haben, was ich hier »Persönlichkeit« nenne, dann machen Sie das einfach. Hauptsache, Sie wissen, worum es geht. Denn das ist schließlich das Entscheidende, wenn Sie mit diesem Buch etwas mehr anfangen wollen, als nur ein paar von meinen Ausführungen zu lauschen.

Auch unter Fachleuten besteht im Übrigen keineswegs eine einhellige Meinung darüber, was unter »Persönlichkeit« zu verstehen ist. Der Sozialpsychologe Gordon Allport machte das bereits im Jahr 1937 deutlich, als er fast fünfzig Definitionsvorschläge für diesen Begriff zusammentragen konnte. Sogar innerhalb einer einzelnen Wissenschaftsdisziplin wie etwa der Psychologie gibt es unterschiedliche Perspektiven, aus denen auf das Wesen des Menschen geblickt wird. Hier nur wenige Beispiele: Sind es eher unser Verhalten und unsere Gewohnheiten, die interessieren, spricht man von *habits*. Geht es um die Eigenschaften, die wir schon von Geburt an mitbekommen haben, dann handelt es sich um *traits.* Sind dagegen die eher vorübergehenden und situationsabhängigen Merkmale der Persönlichkeit von Interesse, dann werden *states* beschrieben.

Bevor Sie jetzt vor lauter Verwirrung oder Empörung darüber nachdenken, dieses Buch für immer zu schließen – weil hier anscheinend keiner wirklich Ahnung hat, worum es geht –: Ich kann Sie beruhigen. All die verschiedenen Theorien, Konzepte, Konstrukte und Ansichten versuchen am Ende doch das Gleiche, und zwar eine der größten Fragen der Menschheit zu beantworten:

»Wer bin ich?«

Nicht umsonst bringt uns diese Frage schon seit Generationen zum Grübeln – manche zu Erkenntnissen, manche zur Verzweiflung. Ich könnte mir vorstellen, dass das seit Anbeginn unserer Existenz so geht. Es ist eben gar nicht einfach beziehungsweise ziemlich sicher unmöglich, eine Theorie zu entwickeln, die sowohl beschreiben kann, was »typisch menschlich« ist (also bei uns allen gleich oder zumindest ähnlich), zugleich »bei jedem anders« und nicht zuletzt »beim Einzelnen einmalig«. Genau um diese drei Themen geht es, wenn wir uns mit Persönlichkeit beschäftigen. Und um eine Enttäuschung gleich schon hier zu präsentieren: Ich habe wahrscheinlich auch keine befriedigende Antwort auf diese Frage. Aber es kann gut sein, dass Sie nach der Lektüre dieses Buches anders fragen.

Die große Vielfalt der Persönlichkeitstheorien ist unter anderem auch dadurch bedingt, dass es nicht nur in den unterschiedlichen Ländern, Regionen und Kulturen unterschiedliche Welt- und Menschenbilder gibt. Das Gleiche gilt auch für Wissenschaften und Wissenschaftler oder etwas allgemeiner: Menschen, die sich Gedanken machen, die beobachten und daraus Schlüsse ziehen und diese Erkenntnisse mit anderen austauschen. Schließlich entstammen diese selbst unterschiedlichen Kulturen, Regionen, Ländern – mit anderen Worten: Sie wurden unterschiedlich *sozialisiert.*

Genau diese Vielfalt findet sich in zahlreichen theoretischen Ansichten zum Wesen des Menschen; und das ist meiner Meinung nach auch ziemlich gut so, weil die Menschheit eben vielfältig ist. Ich empfehle Ihnen, am Ende der Lektüre dieses Buches zu entscheiden, ob die hier beschriebene Interpretation zu Ihrem Menschenbild passt oder nicht. Im Endeffekt ist es eben auch nur genau das: eine *Interpretation,* die in diesem Fall auf meinem Welt- und Menschenbild gründet.

Allerdings gibt es durchaus Kennzeichen, die eine gute Theorie zur menschlichen Persönlichkeit auszeichnet. Diese sollte einerseits die Struktur, also den »Bauplan« der Persönlichkeit beschreiben können. Andererseits muss sie erläutern, warum wir in unterschiedlichen Situationen unterschiedliche Einstellungen oder Eigenschaften zeigen. Oder glauben Sie vielleicht, Sie sind immer die- beziehungsweise derselbe, wenn Sie morgens unter der Dusche stehen, vormittags mit der Chefin die aktuellen Themen besprechen oder abends beim wichtigen Entscheidungsspiel vor dem Fernseher mitfiebern? Sie sind beides: derselbe Mensch und zugleich ganz unterschiedlich. Denken Sie nur mal daran, wie Sie beim wichtigen Siegtreffer mitjubeln – wenn Sie von Fußball nicht so begeistert sind, an ein vergleichbares Ereignis, bei dem Sie aufspringen, laut schreien und sich unter Umständen mit wildfremden Menschen glücklich in den Armen liegen. Nehmen Sie jetzt als Nächstes die übliche Morgendusche: Verfallen Sie da auch in glückstrunkene »Olé-olé!«-Gesänge, nur weil Sie es geschafft haben, diesmal kein Shampoo in die Augen zu bekommen?

Machen Sie normalerweise nicht so?

Na, dann ist ja alles bestens, und Sie verhalten sich »situationsspezifisch«. Das kann für unsere Persönlichkeit zwar ganz schön anstrengend sein, macht das gemeinsame Handeln aber für uns und vor allem unsere Umwelt in der Regel leichter.

Nicht zuletzt muss eine gute Persönlichkeitstheorie erklären, wie wir uns entwickeln, verändern und gestalten können beziehungsweise manchmal eben auch unfähig für Veränderungen sind. Und genau deswegen haben Sie sich ja dieses Buch gekauft – oder, aus welchen Gründen auch immer, geschenkt bekommen: Damit Sie mehr erfahren, wie Persönlichkeit entwickelt werden kann.

Damit Sie bei der weiteren Lektüre diesbezüglich nicht im Nebel wandeln, werde ich Sie nun zunächst mit der Entstehung und im Anschluss mit einem besonderen Modell der Persönlichkeit bekannt machen, auf dem meine weiteren Ausführungen aufbauen.

3.

Grundsteinlegung

Bevor wir das Wesen unserer Persönlichkeit beschreiben und entwickeln können, musste diese zuerst einmal entstehen.

Und schon tauchen die ersten Fragen auf: Haben wir darauf einen Einfluss? Werden wir am Ende – oder besser: *am Anfang* – mit unserer Persönlichkeit geboren, und das war's dann fürs Leben? In diesem Falle würde ein Buch zur Persönlichkeitsentwicklung ja nun wenig Sinn machen.

Wir *können* sie verändern. Allerdings ist das nicht immer so einfach, wie wir es manchmal gern hätten. Oder würden Sie nicht ab und an Ihre kleinen Makel und ungeliebten Eigenschaften am liebsten fortzaubern?

Bei mir ist das beispielsweise meine ewige Klugscheißerei. Zugegeben, ich mache das durchaus auf einem gehobenen Niveau. Ich habe schließlich auch einen Job, bei dem es eine vertragliche Voraussetzung ist, an der richtigen Stelle ordentlich viele schlaue Sachen rauszulassen. Aber ab und an bringt das mein Gegenüber eher auf Abstand als in einen Zustand der verzückten Bewunderung. Ich denke da vor allem an Gespräche mit meiner Frau. Oder an die Momente, in denen ich vor lauter Gewohnheit nicht mehr aus meiner Haut kann und über Sachen schlau daherrede, von denen ich jetzt nicht so wahnsinnig viel Ahnung habe. Auch wenn mir mein Gegenüber meistens trotzdem interessiert lauscht, ist mir das im Nachhinein schon des Öfteren peinlich. Dann denke ich mir, dass ich das nächste Mal lieber den Mund halten sollte – schließlich ist Schweigen Gold und so weiter. Aber kaum kommt es zur nächsten Gelegenheit dieser Art, drängelt sich mein innerer Erklärbär in den Vordergrund, und es geht wieder los …

Kennen Sie solche Situationen auch von sich selbst?

Das muss jetzt nicht unbedingt Klugscheißerei, sondern kann auch Nasebohren oder Schokoladeessen sein oder etwas, was Ihnen an sich selbst eben nicht so ganz gefällt.

Das Gemeine daran ist, dass wir diese Eigenschaften oder Verhaltensweisen nicht einfach ablegen können.

Das Schöne daran ist, dass diese ungeliebten Seiten irgendeinen Sinn haben müssen. Sonst hätten wir sie nicht.

Zurück zur Ausgangsfrage: Wie entsteht unsere Persönlichkeit?

Dabei gibt es durchaus genetische und biologische Einflüsse – schließlich entsteht jeder von uns zunächst einmal aus zwei Zellen, die sich glücklicherweise im richtigen Moment treffen und sich dann erst mal fleißig teilen. Allerdings konnte in den letzten Jahren und Jahrzehnten deutlich gezeigt werden, dass im Prozess der Persönlichkeitsentstehung der Einfluss unserer Umwelt durch Erziehung, Kultur und Lernen im Verhältnis deutlich stärker ist als unsere genetische Veranlagung. Es trifft also beides zu: Wir können nie ganz aus unserer Haut, und zugleich haben wir die Möglichkeit, uns selbst zu gestalten.

Am deutlichsten wird dieses Wechselspiel von gegenseitiger Beeinflussung in einem spannenden Vorgang, den man als »Sozialisation« bezeichnet. Das ist der Prozess, in dem zwischen dem einzelnen Menschen und der ihn umgebenden Umwelt ein *wechselseitiger* Einfluss ausgeübt wird.

Die Umwelt besteht sowohl aus den anderen Menschen als auch aus der Gesellschaft, Kultur, Umgebung oder Arbeit, um nur einige Beispiele zu nennen. *Wechselseitig* bedeutet, dass sowohl der Einzelne die Welt um sich herum verändert als auch die Persönlichkeit des Individuums durch seine Umwelt beeinflusst wird.

Diese gegenseitige Beeinflussung ist möglich, weil wir *soziale Wesen* sind, also eine Lebensform, die auf den Austausch mit anderen angewiesen ist – wir können nicht ohne die Artgenossen um uns herum sein.

Auch wenn wir das ab und an vielleicht gern wollten.

Der Erziehungswissenschaftler Herrmann Veith beschreibt diesen Austausch als »*Zusammenwirken* von sehr unterschiedlichen konstitutionellen, genetischen, physiologischen, psychischen, ökologischen, sozialen und kulturellen Faktoren«. Wir haben es also mit einem Prozess zu tun, der sowohl bei jedem einzelnen Menschen unterschiedlich verläuft als auch bei allen Menschen ähnlich ist.

Unterschiedlich deswegen, weil die eben genannten Faktoren in ihrer Kombination bei jedem anders sind: Jeder von uns ist aus unterschiedlichen Genen entstanden, lebt in Kulturen mit kleinen bis großen Unterschieden und hat im selben Moment nicht unbedingt dieselbe Stimmung wie die Person gegenüber.

Zugleich ist Sozialisation bei uns allen *ähnlich:* Zwar mag die

Gestaltung dieser Faktoren unterschiedlich sein, aber jeder von uns besteht aus Genen, ist seiner eigenen und vielen fremden Kulturen ausgesetzt und hat mal schlechte und mal gute Laune.

Einen Überblick zu diesem Durcheinander an sich beeinflussenden Faktoren gibt Veiths »analytisches Rahmenkonzept der Sozialisation«, das man sich bildlich vorstellen kann wie in der Abbildung dargestellt.

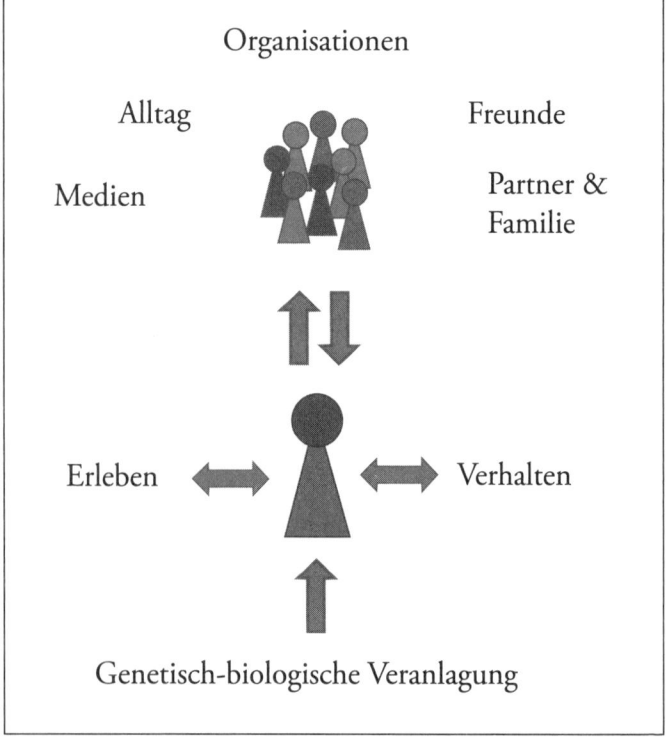

Veiths »analytisches Rahmenkonzept der Sozialisation«

Dabei sind oben Beispiele für »Umweltfaktoren« dargestellt, die die verschiedenen Strukturen der Gesellschaft
verkörpern und dadurch Einfluss auf jeden Einzelnen von
uns nehmen. Etwa die Medien und ihre Kultur, die durch
Informationen und die Art der Übermittlung unsere Welt
oft erst greifbar machen. Oder die ganz normale Alltagswelt,
die uns vor mehr oder weniger schwierige Aufgaben stellt,
vom Brötchenkaufen bis zur Bundestagswahl. Auch Organisationen wie das Unternehmen, für das Sie arbeiten, die
Marke, deren Auto Sie fahren, und die Kirche, deren Mitglied Sie sind – oder eben gerade nicht. Nicht zuletzt unsere
Bekannten, die Freundeskreise und Partner sowie natürlich
unsere Familie.

Gut, jetzt haben Sie schon mal eine ungefähre Vorstellung
davon erhalten, wie unsere Persönlichkeit entsteht – vom
ersten Kontakt unserer ersten beiden Zellen über all die
gutgemeinten Ratschläge unserer Eltern bis hin zum ersten Kuss.

Aber wie steht es in diesem Zusammenhang um die
Entwicklung unserer Persönlichkeit? Bleiben wir uns treu,
oder streben wir nach neuen Abenteuern und Veränderungen?

Ein Beispiel: Wenn Sie sich selbst in diesem Moment im
Rahmen Ihrer aktuellen Liebesbeziehung betrachten – sind
Sie heute wirklich noch der- beziehungsweise dieselbe wie
zum Zeitpunkt des ersten Kusses?

Nehmen Sie sich einen Augenblick und halten Sie fest, wie das <u>damals</u> denn war: beim ersten Kuss mit Ihrem oder Ihrer Liebsten? Wo und wie haben Sie gewohnt, was war Ihr Lieblingshobby, -essen, -restaurant, Ihre Lieblingsmusik und so weiter? Zeichnen Sie ein Bild von damals aus der Erinnerung, indem Sie viele Details aus dieser Lebensphase aufschreiben. Welchen Film hatten Sie seinerzeit als Letzten im Kino gesehen, welchem Politiker bei der letzten Wahl Ihre Stimme gegeben und welcher Käsesorte jede Woche aufs Neue die Treue im Supermarkt erwiesen?

Und für alle, die gerade nicht in einer »Zweierkiste« stecken: Sie brauchen sich nicht herauszunehmen und triumphierend in sich hineinzulächeln, dass wenigstens Sie unverfälscht geblieben sind. Nehmen Sie einfach Ihre letzte Beziehung und beschreiben Sie sich selbst zum Beginn dieser Liebschaft.

Sollten Sie bisher streng zölibatär gelebt haben, dann beginnen Sie einfach wieder am Anfang des letzten Abschnitts und betrachten Sie sich im Spiegel der anderen Einflussfaktoren.

Nach dieser Beschreibung Ihrer Vergangenheit zurück zur Frage: Sind Sie heute noch der- beziehungsweise dieselbe wie damals? Hand aufs Herz: Ich glaube, ich brauche mich nicht zu weit aus dem Fenster zu lehnen, um diese Frage stellvertretend für Sie zu verneinen.

Im Prozess der Sozialisation findet sich zwischen der Ebene der Umweltfaktoren und der des Individuums der Bereich der *Interaktion* zwischen diesen beiden Beteiligten. Denn nicht nur wir werden von unserer Umwelt beeinflusst und gestaltet, sondern auch umgekehrt. Ihr bester Freund wird nur durch die Geheimnisse, die Sie mit ihm teilen, zu Ihrem besten Freund. Und wenn wir alle keine Lust mehr auf sich wiederholende Casting-Shows haben, dann lassen sich vielleicht auch die Kreativen der Medienbranche wieder etwas Neues einfallen.

Dieser Interaktionsraum beschreibt, wie der Einzelne und seine Umgebung die gegenseitige Beeinflussung gestalten. Denn auch das macht jeder von uns anders – und nicht zuletzt jede Gesellschaft und Kultur.

Das Fundament in diesem Sozialisationsmodell stellt das *Individuum* als Gegenpart zur Gesellschaft dar. Also unter anderem Sie selbst als einzelner Leser dieser Zeilen mit all Ihren biologischen und genetischen Mitbringseln, die Ihnen fürs Leben mit auf den Weg gegeben worden sind. Mit den Ihnen eigenen Verhaltensweisen, die Sie als so »typisch Sie« erscheinen lassen, und den ganzen Erlebnissen, die Sie – und nur Sie – im Laufe des Lebens sammeln konnten. Dadurch entstand Ihre Persönlichkeit, die wiederum Ihr Verhalten und Ihr Erleben maßgeblich beeinflusst.

Ihnen ist nun also bewusster, dass Sie zwar Sie sind, das Ganze aber nicht nur an Ihnen liegt. Mit anderen Worten: Ihnen ist der Begriff der *Sozialisation* zumindest etwas näher gekommen, vielleicht sogar verständlicher geworden.

Als Nächstes geht es darum, den *Prozess,* den die Sozialisation darstellt, genauer zu betrachten. Denn schließlich ist die wechselseitige Beeinflussung von Individuum und Umwelt nichts Statisches, Einmaliges, sondern etwas sich Entwickelndes, stetig Veränderndes.

Wir Menschen sollen also »soziale Wesen« sein. Als solche wären wir auf den Erfahrungsaustausch mit unserer Umwelt zwingend angewiesen. Doch lässt sich das auch nachweisen? Ein ziemlich schwieriges Vorhaben – wären wir in einem entsprechenden Versuch doch auf die Interaktion zwischen Beobachter (einem Menschen) und Beobachtungsobjekt (ebenfalls einem Menschen) angewiesen. Da schleichen sich zwangsläufig Fehler ein. Denn in dem Moment, in dem sich der Beobachter auf Entdeckungsreise begibt, geht er in Kontakt mit seinem Gegenüber – er versucht also, die Beobachtung zu beobachten. Nur Menschen, die sich zweiteilen könnten, dürften das ohne weiteres hinbekommen. Und so einen habe zumindest ich noch nicht getroffen.

Doch es gibt durchaus experimentelle Ergebnisse, die das versucht haben. Einen ziemlich brutalen – und nach heutigen Ethikrichtlinien unvorstellbaren – Versuch, die Bedeutsamkeit der zwischenmenschlichen Interaktion zu untersuchen, zeigt beispielsweise das Ergebnis eines Experiments, das Friedrich II., deutscher Kaiser im 13. Jahrhundert, angeordnet haben soll. Der Mönch und Chronist Salimbene von Parma berichtet, dass Friedrich mehrere Säuglinge von jeglichem Kontakt zur Außenwelt isolieren ließ. Er wollte damit herausfinden, welche »Ursprache« der Mensch mit auf die Welt bekäme. Ammen übernahmen das Säugen und Wickeln – wobei sie jedoch nicht mit den Säuglingen sprechen, ihnen zureden oder sie anlächeln durften.

Keines der Neugeborenen wurde älter als ein Jahr.

In der Psychologie bezeichnet man diesen Entbehrungszustand, dem die todgeweihten Säuglinge ausgesetzt waren, als »Deprivation«. Inzwischen ist es weithin anerkannt, dass der Entzug oder das Mangelempfinden von Zuwendung zu einer Vielzahl von psychischen Problemen führen kann. Bei Kindern können diese Auswirkungen besonders intensiv sein. Jedoch sind auch Erwachsene nicht vor den Folgen von fehlendem zwischenmenschlichem Kontakt gefeit, vor allem solchem Kontakt, der der eigenen Seele guttut. Sie wissen sicher genau, wie unglaublich wichtig es zuweilen sein kann, das ein oder andere Lob zu erhalten (egal ob von Ihrem Chef beziehungsweise Ihrer Chefin, Ihrer Frau beziehungsweise Ihrem Mann), oder etwa nicht?

Nach diesem kurzen Ausflug ins Mittelalter wieder zurück zur Sozialisation. Wieso habe ich Ihnen die Geschichte vom Staufenkaiser und seinen Experimenten erzählt? Ich wollte Ihnen verdeutlichen, dass gerade unsere ersten Interaktionserfahrungen eine besonders große Rolle im Rahmen unserer Entwicklung spielen. Diese Erfahrungen aus den ersten Lebensjahren werden als »primäre« oder auch »familiäre Sozialisation« bezeichnet.

Es handelt sich dabei um die wechselseitige Beziehung, die im Kontakt mit unseren Eltern, in den ersten Monaten vor allem unserer Mutter, beziehungsweise im engeren und weiteren Familienkreis stattfindet. Wie das mit der Familie aber nun mal so ist, »hört die nicht einfach auf«, sondern begleitet uns ein Leben lang. Selbst wenn wir schon vor ewigen Zeiten ausgezogen sind, ein »eigenes Leben« begonnen oder sogar eine eigene Familie gegründet haben, wirken die Erfahrungen, die wir im familiären Rahmen gemacht haben, noch auf unser Handeln. Oder warum glauben Sie, dass Sie Ihren Finger gerade nicht bis zum Anschlag in Ihrer Nase vertiefen? Genau – weil Mama oder Papa gerade hinter Ihnen stehen und Ihnen gefühlt zum 4583. Mal ins Gewissen reden, dass »man das nicht tut«. Die Phase der primären Sozialisation beginnt mit den ersten Bindungserfahrungen, die wir mit unserer Mutter und unserem Vater erlebt haben. In den darauffolgenden Jahren kommen dann alle Lernprozesse, Streitigkeiten, Erziehungsratschläge und -vorschriften, Tröstungen, Späße, Erwartungen, Enttäuschungen, Verluste und Gewinne aus dem Umgang mit unserer Familie dazu. Dadurch wird unsere Persönlichkeit zu großen Teilen gestaltet.

Dabei ist auch dies ein wechselseitiger Prozess, denn nicht nur die anderen gestalten durch die Interaktion unsere Persönlichkeit, sondern umgekehrt gestalten auch wir unsere soziale Umgebung. Bevor das erste Kind kommt, sind Mama und Papa erst mal nur ein Paar – keine Eltern. Wir können uns das allein deswegen so schwer vorstellen, weil wir die beiden eben nur als unsere Eltern kennen.

Ich kann mich noch genau an den Moment erinnern, als mir dieser Umstand das erste Mal richtig bewusst wurde. Ich war einige Monate von zu Hause aus- und in meine erste WG eingezogen. Da ich noch keine eigene Waschmaschine besaß, kam ich noch regelmäßig zum Wäschewaschen in die elterliche Wohnung. Diese wöchentlichen »Waschfahrten« hatten den Vorteil, dass meine Mutter und ich uns weiterhin regelmäßig treffen und austauschen konnten. Als ich schließlich die Waschmaschine meiner Großmutter erbte, nachdem diese ins Altersheim umgezogen war, konnte ich endlich die große Unabhängigkeit eines echten Erwachsenen genießen! Doch plagten mich schon bald Gewissensbisse, dass ich nun meine Mutter im Stich und einsam und verlassen in ihrer stillen Wohnung zurücklassen würde. Noch dazu, da sie selbst seit Kurzem in Rente war. Als ich sie vorsichtig fragte, ob sie denn in Zukunft zurechtkommen würde, so ganz »allein«, überlegte sie kurz, lächelte und meinte: »Natürlich werde ich unsere wöchentlichen Treffen vermissen. Genauso wie ich schon bei deinem Auszug ein paar Tränen vergossen habe. Aber stell dir vor: Genauso freue ich mich seit zwanzig Jahren darauf, endlich mal wieder meine Ruhe zu haben.« Und dann kam der entscheidende Satz: »Ich habe nämlich auch schon ein paar Jahre vor dir und ohne dich gelebt.«

Wir und unsere Persönlichkeit werden eben zu großen Teilen zu dem, was wir sind, indem wir in Kontakt zu unserer Familie sind – und umgekehrt machen wir unsere Familie zu dem, was sie ist.

Mit der Familie hört es aber nicht auf, sondern Stück für Stück erobern wir immer weiter neues und unbekanntes Land. Nächster Schritt bei der Erkundung unserer persönlichen Terra nova sind die Nachbarskinder, Kindergartenspielkameraden, Mitschüler und Freunde. Spätestens mit dem ersten Schultag kommt dann auch eine Organisation hinzu und natürlich Lehrerinnen und Lehrer. Es beginnt die »sekundäre« oder auch »schulische Sozialisation«, die Phase unseres Lebens, die durch Lernen geprägt ist, aber insbesondere auch die Aufgabe stellt herauszufinden, wo die eigene Reise hingehen soll.

In Veiths Rahmenmodell war die Rede von verschiedenen »Lebensbereichen«. In dieser Phase der Sozialisation entdecken wir besonders viele dieser Instanzen. Das sind einerseits die Organisationen, die nur dafür gedacht sind, uns zu bilden – was auch immer darunter zu verstehen ist. Allen voran die Schule(n), der Ausbildungsbetrieb oder die Uni. Nicht zu vergessen alle Institutionen, die uns beim lebenslangen Lernen begleiten, wie etwa Fahrschule, Erste-Hilfe- oder Geburtsvorbereitungskurs. In diesen Organisationen und ihren Angeboten und vor allem durch die vielen Lehrerinnen und Lehrer, die uns im Laufe dieses Lernprozesses begleiten, erwerben wir nicht nur einen bedeutsamen Teil unseres Wissens, sondern auch wichtige Dinge für das tägliche (Über)leben. Nicht zuletzt wird auch unsere Persönlichkeit dadurch nicht unerheblich immer weiter gestaltet.

Zum Glück gibt es aber nicht nur Schule, Lehrpläne und Seminarbausteine, sondern auch unsere Mitschülerinnen und Mitschüler, die ersten Freundeskreise und Cliquen und hoffentlich auch irgendwann den ersten Kuss und das erste Mal der Satz »Ich liebe dich«.

All die Menschen, mit denen wir zusammentreffen, tragen ein bisschen zu unserer Sozialisation und damit auch zu unserer Persönlichkeit bei – manche mehr, manche weniger. Und das Beste an der Sache ist wie gesagt: Umgekehrt gilt das Gleiche!

Sie haben sicher schon bemerkt, dass es auch für diese Sozialisationsphase schwierig ist, ein klares Ende zu benennen: »Es ist des Lernens kein Ende«, bemerkte schon der Komponist Robert Schumann. Wir kommen also weder aus unserer

Familie noch aus dem Lernen heraus. Es wird eben nur immer etwas mehr. Und wenn wir glauben, wir wüssten schon alles, geht's mit der dritten Phase gerade erst los, der »beruflichen Sozialisation«. Das sind Einflüsse, die direkt aus der beruflichen Umwelt ausgehen – von Kollegen, Kunden oder Konkurrenten und was sich noch alles in Ihrem Arbeitsalltag tummelt.

Ab hier wird es mit den Einflüssen jedoch immer diffuser. Wer ist schuld daran, dass ich in meinem Beruf aufblühe oder verkümmere? Wie konnte es überhaupt so weit kommen, und wie geht es weiter? Es wird schwieriger, auf diese Fragen genaue Antworten zu finden.

Dafür wird das Gesamtbild der Sozialisation langsam deutlicher. Schauen wir also noch einmal kurz auf den Beginn der Entwicklung: Alle bisher beschriebenen Sozialisationsbeteiligten haben einen erheblichen Einfluss auf unsere Persönlichkeit und damit auf unser Verhalten, auf unsere Entscheidungen und jeden unserer Lebensschritte – und damit auch auf unsere Berufswahl. Es wird schon von Kindesbeinen an Weiche für Weiche gestellt, und auf einmal sitzen wir in der Berufsschule oder einer Grundlagenvorlesung im ersten Semester oder dem Praktikum in der Firma von Papas Stammtischfreund. Tage-, wochen- oder jahrelang werden wir auf einen Beruf vorbereitet, und egal, ob wir das Gelernte umsetzen und damit irgendwann Geld verdienen oder am Schluss doch eine Strandbar auf Ko Samui eröffnen: Wir sind – auch weil wir diesem Einfluss ausgesetzt waren –, wer wir sind.

Und jetzt kommt das Beste: Es geht immer weiter mit der Sozialisation und damit auch mit der Persönlichkeitsentwicklung. Ein Leben lang. Auch wenn die Veränderungen vielleicht nicht mehr ganz so dramatisch sind wie in der Pubertät, wir sind nicht einfach irgendwann fertig – oder wie das die Potsdamer Psychologen Franz Neyer und Judith Lehnart so schön beschreiben: »Die Persönlichkeit wird im Laufe des Lebens zwar stabiler, gleichwohl ist sie weit davon entfernt, in Stein gemeißelt zu sein.«

Durchwandern Sie in Gedanken Ihre persönliche Sozialisationsgeschichte und suchen Sie sich aus jeder Phase eine Person aus, die Sie spürbar beeinflusst hat. Beginnend bei Ihren Eltern über die ersten Cliquen aus Nachbarschaftskindern oder Klassenkameraden, Lehrer, Trainer im Sportverein, Politiker, Chefs oder Arbeitskollegen bis hin zu der/den Liebe(n) Ihres Lebens.

Fertigen Sie nun eine chronologische Liste dieser »Vergangenheitsvertreter« an und schreiben Sie hinter jeden Namen einen typischen Satz, den Sie von ihm oder ihr noch im Ohr haben.

Auch wenn manche dieser Sätze schon vor Jahrzehnten verklungen sind, dürfte ihre Wirkung bis heute spürbar sein. Manche Ihrer Anteile wurden durch den einen Satz vielleicht sogar erst ins Leben gerufen.

Für die Entwicklung des inneren Systems ist es hilfreich, immer wieder mal ins äußere System zu blicken. Sie sollten daher an dieser Stelle noch eine Seite in Ihrem Buch freilassen. Alle neuen Blitzlichter aus der Vergangenheit, die Sie in der nächsten Zeit aufsuchen werden, können Sie hier festhalten. Wenn es dann eine ganze Zitatensammlung wird, ist das umso besser.

Besonders deutlich werden die Veränderungen unserer Persönlichkeit in Übergängen von einem Lebensabschnitt zum anderen. Der Reihe nach ein paar Beispiele: aus dem Bauch auf die Welt, in die Schule, in die andere Schule, aus der Schule, in die erste Liebe, aus der ersten Liebe, in die Ausbildung, ins Praktikum, raus von zu Hause, rein in die erste WG, in die Festanstellung, in die gemeinsame Wohnung, in die neue Abteilung, in die Klinik, ans Taufbecken, vor die Abteilung, beim Packen für die WG helfen …

Sie werden später in diesem Buch noch ausreichend Gelegenheit haben, sich an *Ihre* Geschichten, Bilder, Lebensphasen und -übergänge zu erinnern. All die Erfahrungen, die Sie erlebt und die Sie zu dem gemacht haben, der oder die Sie heute sind. Falls Ihnen aber schon jetzt oder auch in den nächsten Kapiteln Eindrücke und Erinnerungen aus Ihrem Lebensdrehbuch einfallen: Zögern Sie nicht, diese aufzuschreiben, aufzumalen oder sonst wie festzuhalten. Und wenn Sie schon dabei sind, dürfen Sie sich ruhig in alte Fotoalben, Tagebücher oder Blogeinträge vertiefen. Alles, was Sie dort finden, hat irgendwie auch mit Ihrer Persönlichkeit zu tun und kann als wertvolle Unterstützung bei deren Entwicklung dienen.

Doch statt uns jetzt zu sehr in einem »Ach, damals …« oder »Weißt du noch?« zu verlieren, wollen wir uns erst einmal genauer ansehen, was »Persönlichkeit« eigentlich ist.

4.

Ein Haus mit vielen Zimmern

Wie die Persönlichkeit entsteht, sich entwickelt und verändert, haben wir gerade umrissen. Jetzt wollen wir ihrem eigentlichen Wesen auf den Grund gehen. Dieses Etwas, das uns ein Leben lang begleitet, und sich zugleich dauernd verändert. Das uns auszeichnet und einmalig macht und mit anderen vergleichen lässt.

Finden Sie es nicht auch bemerkenswert, wenn ein und die gleiche Person in verschiedenen Situationen, Lebensabschnitten oder Gefühlslagen ganz unterschiedlich wirkt und zugleich doch als dieselbe wiederzuerkennen ist? Da mausert sich ein Volksmusikstar, der jahrelang nur der Altersgruppe 70 plus in großen Samstagabendshows Teddybärchenwürfe entlocken konnte, über Nacht zum coolen Trendsetter, um den sich nicht nur *Bild* und *Gala,* sondern auf einmal auch GQ und MTV reißen. Umgekehrt wird aus dem aufstrebenden, gutaussehenden, gebildeten und erfolgreichen Politiker mit gigantischem Traumschwiegersohn-Potenzial in kürzester Zeit eine Persona non grata, und das, obwohl die Plagiatsvorwürfe angeblich »abstrus« gewesen seien.

»Das hätte ich von dem ja *nie* gedacht« oder sogar »Das passt überhaupt nicht zu ihm – der ist doch *eigentlich* ganz anders«, haben auch Sie sich in solchen oder vergleichbaren Momenten vielleicht gedacht.

Wie so oft im Leben gilt diese Wandlungsfähigkeit nicht nur für Lieblingsmotive der Paparazzi, sondern für jeden und jede, also auch für Sie selbst. An den Regentagen des Lebens, an denen wir traurig, hilflos oder verzweifelt sind, stehen andere Dinge im Vordergrund als in glücklichen Zeiten. Anders ausgedrückt: Je nach Herausforderung und Erwartung stehen unterschiedliche Anteile unserer Persönlichkeit im Zentrum unseres Handelns oder werden vielleicht eher an den Rand gestellt.

Diese Vorstellung einer inneren Vielfalt kennzeichnet auch die Grundidee meines Persönlichkeitsmodells, um das es in diesem Buch geht. Es lässt sich mit vielen anderen Theorien über das Wesen der Persönlichkeit unter einer Überschrift zusammenfassen, die zwar zunächst kompliziert klingt, aber eigentlich ganz einfach ist: *Multiplizite Persönlichkeitstheorien* gehen davon aus, dass unsere Persönlichkeit *vielgestaltig (multiplizit)* oder, anders ausgedrückt, *in viele Anteile aufgeteilt* ist.

Und wie bei vielem ist auch bei unserer Persönlichkeit, die sich aus ihren Anteilen und deren Mit- und Gegeneinander gestaltet, das Ganze mehr als die Summe seiner Teile. In diesem Verständnis unterscheiden wir uns im Inneren gar nicht so besonders von unserer Umwelt: Genau wie in der Welt um uns herum unterschiedliche Interessengruppen um den großen Kuchen wetteifern, sieht es in unserem Inneren aus.

Schöner drückt es der Psychologe Friedemann Schulz von Thun aus: »Dasselbe Thema ist immer eine Psyche, die sowohl hierarchisch als auch gruppendynamisch strukturiert ist, die ein Doppelwesen ist, nämlich Singular (›Ich‹) und Plural (›Wir‹) zugleich« (Schulz von Thun 2004, S. 112).

Allerdings gehen die multipliziten Theorien nicht davon aus, dass wir kleine Männchen und Frauchen in unserem Kopf haben, die fleißig vor sich hin streiten beziehungsweise vor sich hin versöhnen. Vielmehr sind die Anteile der Persönlichkeit eine Metapher für die unterschiedlichen Charakterzüge, Bedürfnisse und Erwartungen, die wir in unserem Inneren vereinen.

Das Schöne an dieser Vorstellung ist für mich vor allem, dass diese Metaphern die Vorgänge im Inneren der Persönlichkeit so lebendig und greifbar machen. Mit dem inneren Schweinehund ein ausführliches Gespräch zu führen, Pläne zu schmieden oder Zielvereinbarungen zu treffen ist meiner Meinung nach viel spannender, als irgendwelche Zahlenkolonnen eines Persönlichkeitstests zu wälzen.

Im Übrigen ist diese Vorstellung von Persönlichkeit keineswegs ein Exklusivthema der Psychologie, die als Wissenschaft ja noch ziemlich jung und gerade mal etwas über hundertzwanzig Jahre alt ist. Meine Erfindung ist sie schon gar nicht – auch wenn ich für mein Modell die schöne Bezeichnung der »Polydynamischen Persönlichkeitstheorie«[5]

---

[5] Die Bezeichnung »polydynamisch« habe ich gewählt, da sie verdeutlicht, dass diese Theorie *sowohl* die Vielgestaltigkeit (oder Polymorphie) der Persönlichkeit *als auch* die Dynamik, also die Beweglichkeit und Entwicklungsfähigkeit, der einzelnen Persönlichkeitsanteile betont.

gefunden habe. Nachdem das aber ein ziemlicher Zungenbrecher ist, spreche ich im Weiteren der Einfachheit halber nur von »meinem Modell« oder »meiner Theorie«.

Es finden sich in zahlreichen belletristischen, theologischen, mythologischen und philosophischen Gedanken und Geschichten Beschreibungen, die sich ebenfalls unter der Überschrift »Multiplizite Persönlichkeitsmodelle« zusammenfassen lassen. Auch diese möchte ich Ihnen nicht vorenthalten – zunächst wollen wir uns aber dem psychologischen Verständnis von Vielgestaltigkeit widmen, schließlich treibe ich mich in den letzten Jahren vor allem dort beruflich viel herum.

Ich muss Sie allerdings gleich zu Beginn dieses Abschnitts enttäuschen, falls Sie erwartet haben, dass ich sämtliche Überlegungen, Theorien oder Konstrukte dieser Art darstellen sollte. Einerseits wäre das auf Dauer ziemlich ermüdend – andererseits wäre es vermessen von mir zu behaupten, ich würde jeden Ansatz kennen, der meine Vorstellung von Persönlichkeit teilt. John Rowan, dem Sie beim Ausflug zu den Göttern in einem der nächsten Kapitel noch begegnen werden, sieht in zahlreichen Personlichkeitstheorien die Darstellung von *subpersonalities,* also verschiedenen »semi-permanenten« und »semi-autonomen« Regionen der Persönlichkeit (Rowan 1990, S. 8). Ob das nun Freuds Aufteilung in »Es, Ich und Über-Ich«, Assagiolis »Teilpersönlichkeiten«, Jungs »Archetypen«, Balints »Kind im Patienten«, Federns »Ego States«, Tarts »Identity States« … sind – Rowans Liste ist noch ziemlich lang.

Sie sehen, es gibt viele Ideen dafür, wie man sich die Vielgestaltigkeit der Persönlichkeit vorstellen kann. Warum also ein weiteres Modell, wenn's doch schon so viele gibt? Eine berechtigte Frage. Meiner Einschätzung nach liegt ein wichtiger Aspekt meines Ansatzes in seinem Praxisbezug. Mein Modell lässt sich im praktischen Einsatz bei der Beratung, im Coaching oder in der Psychotherapie innerhalb von fünf Minuten schlüssig erläutern. Es ist ein praktikables, einfaches Modell. Ein anderer, ganz egoistischer Grund für mein Modell liegt darin, dass es eben *mein* Modell, *meine* Theorie ist – irgendwie muss ich ja meinem Macher-Anteil und unbedingt auch meinem Eitlen Anteil gerecht werden, oder?

Wie so oft liegt der Unterschied beziehungsweise die Ergänzung im Detail, weshalb ich Ihnen auf den folgenden Seiten eine kleine Auswahl an Modellen vorstellen möchte, die mich auf meinem Weg angeregt haben.

Bevor wir aber auf der psychologischen Bühne loslegen, muss ich den ein oder anderen hoffnungsvollen Leser nochmals enttäuschen. Sollten Sie im Laufe der Lektüre schon voller Vorfreude Aussagen formuliert haben wie etwa »Es tut mir leid, Schatz, dass ich meine dreckigen Socken auf dem Fußboden verteilt habe, aber ich kann nichts dafür – das war mein chaotischer Teil. Da kann ich echt nichts machen. Da bin ich machtlos, das musst du verstehen«, dann wird das auch nach dem letzten Satz dieses Buches leider kaum als Ausrede taugen.

Und das zu Recht. Denn einerseits entbinden uns einzelne Persönlichkeitsanteile nicht von unserer Verantwortung für unser Handeln als ganzheitliche Person – Sie *sind* eben *alle* Ihre Teile und dadurch auch für alle diese Teile verantwortlich. Andererseits würde eine solche Haltung der strikten Ressourcenorientierung widersprechen, die in meinem und in anderen Modellen von ganz wesentlicher Bedeutung ist: Jeder Anteil der Persönlichkeit stellt eine Ressource, eine Kraftquelle, eine wichtige Funktion dar. Da ist es ziemlich willkürlich, auf einmal zu behaupten, der ein oder andere Anteil sei »schuld«, nur weil das den Hausfrieden vorübergehend geraderücken soll. Nein, nein, da müssen Sie schon selbst ran. Tut mir leid.

Das Gleiche gilt übrigens auch für Gerichtsverhandlungen. Es sei schon versucht worden, die Vielgestaltigkeit der Persönlichkeit als Beweis der Schuldunfähigkeit des Angeklagten vorzubringen, schreibt John Rowan. Allerdings ohne Erfolg. Also zahlen Sie lieber weiter brav Ihre Steuern und räumen Sie die Schmutzwäsche dahin, wo sie hingehört. Das ist für Sie und Ihre ganze Persönlichkeit auf Dauer ziemlich sicher gesünder.

Begeben wir uns auf die Bühne der Psychologie: Wenn auch kein Psychologe, so hat der italienische Psychiater und Neurologe Roberto Assagioli bereits in seiner Doktorarbeit 1910 erste Konzepte zu einem psychotherapeutischen Verfahren formuliert, das mit *dynamischen* Anteilen (»Aspekten«, »Funktionen«, »Kräften« oder »Teilpersönlichkeiten«) der Persönlichkeit arbeitet. Er bezeichnete das als »Psychosynthese«.

Grundlage seiner Theorie und Methodik ist ein Menschenbild, das die Entwicklungsfähigkeit und Ressourcenorientierung betont, so auch »die Tatsache, dass sich jedes Individuum in ständiger Entwicklung befindet, gleichsam wächst und fortwährend viele latente Möglichkeiten und

Fähigkeiten aktualisiert« (Assagioli 1988, S. 14). Als höchstes Ziel des menschlichen Strebens sieht Assagioli die »Selbsterfüllung«. Damit legt er auch einen wichtigen Grundstein für die spätere Humanistische Psychologie, die durch Abraham Maslow und seine berühmte Pyramide wesentliche Aspekte für das heutige Verständnis der Motive und Antreiber unseres Verhaltens hervorbrachte.

Die Selbsterfüllung, also der beziehungsweise die zu werden, der/die man sein möchte, sei daher auch der zentrale Auftrag und das Ziel einer erfolgreichen Psychotherapie. Das Erreichen dieses Ziels setze jedoch zwei wichtige Schritte voraus: Zunächst bedürfe es der »gründlichen Kenntnis der eigenen Persönlichkeit«, um anschließend die Kontrolle über die »verschiedenen Elemente der Persönlichkeit« zu übernehmen. Assagioli sieht Letzteres als »liebendes Leiten« der inneren Kräfte. Aus dieser »Kenntnis und Kontrolle« ergibt sich, dass wir auch in Problemsituationen die Möglichkeit haben, handlungsfähig zu bleiben und Lösungen zu erarbeiten.

Um Ihnen das zu verdeutlichen, fordere ich Sie jetzt dazu auf, sich an die letzte Situation zu erinnern, in der Sie so richtig schlagfertig waren. Als Sie genau wussten, was Sie der Unverschämtheit, die Sie gerade gehört oder erlebt hatten, erwidern würden.

Nur eben leider erst <u>fünf Minuten zu spät</u>.

Da ist der Typ, der Ihnen gerade den Parkplatz weggeschnappt, sich im Skilift vor Sie in die Schlange gedrängelt oder in der

Kantine das letzte Stückchen Schokokuchen vor Ihrer Nase auf sein Tablett gestellt hat, schon längst im Hauseingang verschwunden, fünf Sessel vor Ihnen im Lift, oder er sitzt bereits genüsslich bei seinem Dessert.

Dann ist nur leider schon alles vorbei, und ein Nachtarocken wäre auch nur mäßig befriedigend.

Kennen Sie solche Situationen? Nehmen Sie sich ruhig ein bisschen Zeit zum Erinnern.

Für Ihr Projekt der Persönlichkeitsentwicklung halten Sie jetzt bitte auch diese Erlebnisse in Ihrem Buch fest. Also: Seite markieren und aufschreiben.

Dachte ich's mir doch, dass Sie fündig werden.

Ich glaube, jetzt können Sie verstehen, warum Kenntnis und Kontrolle der eigenen Persönlichkeit förderlich für die eigene Selbsterfüllung sind. Damit erhöhen Sie nämlich die Wahrscheinlichkeit auf den nächsten Parkplatz, Liftsessel, Schokokuchen – und noch vieles mehr.

Zurück zu Assagiolis Psychosynthese. Als den eigentlichen Kern seiner therapeutischen Arbeit sieht er die »Neugestaltung der Persönlichkeit« an. Um dies zu ermöglichen, unterscheidet er zwischen dem »Selbst« und den »Eigenschaften« der Persönlichkeit. Diese Trennung war für weitere Überlegungen und nicht zuletzt auch für meine Theorie eine der wichtigsten Erkenntnisse: Assagioli unterscheidet einerseits zwischen einem zentralen Kern der Persönlichkeit, der zwar ganz wichtige Aufgaben wie etwa den Abgleich zwischen der inneren Persönlichkeit und der äußeren Welt übernimmt.

Zugleich ist dieser Kern selbst aber nicht greifbar. Andererseits sind da die verschiedenen Facetten, die das Wesen des Einzelnen bestimmen. Durch diese Unterscheidung ist es möglich, sich gleichzeitig auf seine »verfügbaren Energien« und deren Nutzbarmachung zu konzentrieren und die Übersicht zu behalten.

Stellen Sie sich hierzu vor, Sie machen in Ihrer Wohnung, Ihrem Haus, Ihrem Unternehmen oder wo es Ihnen gerade einfällt, Inventur. Es ginge dabei darum, alle vorhandenen Bestände zu erfassen: von den alten Taucherbrillen samt Schnorchel im Keller, die eigentlich noch ganz gut sind, über den vermisst geglaubten Gutschein, der hinter die Garderobe gerutscht und natürlich gestern abgelaufen ist, bis hin zu den jahrzehntealten Liebesbriefen in der hintersten Speicherecke, die Ihnen eigentlich etwas peinlich sind, Sie aber nostalgisch an spannende Zeiten erinnern lassen. Wenn es jetzt darum ginge, alle verborgenen Ecken zu durchstöbern, und Sie würden währenddessen alle Türen offenstehen lassen, selbst nicht wissen, was wichtig ist und was nicht, geschweige denn, wo Sie schon waren. Wenn Sie also selbst bis zu den Knien in Andenken stecken und dann auch noch Ihr eigenes Verhalten als Teil der Inventur betrachten würden, dann hätte die ganze Aktion wahrscheinlich ein ziemliches Chaos zur Folge. Außerdem wäre danach vielleicht gar nicht mehr alles da, was Sie gefunden haben, weil interessierte Passanten dachten, die Möbel auf dem Gehsteig wären zum kostenlosen Mitnehmen gedacht.

Genau so würden Sie sich in Ihrer eigenen Persönlichkeit verlieren beziehungsweise einzelne Anteile davon aufgeben, wenn das Selbst Teil Ihrer Reflexionen und Entwicklungen, Ihrer »Inventur«, werden würde.

Wenn das Selbst, der innere Kern, aber nicht direkt greifbar, sondern lediglich für bestimmte Funktionen verantwortlich ist, dann kann das nicht passieren. Das ist dann so, als wenn Sie bei der Hausinventur sich selbst nicht dazunehmen, sondern die Übersicht behalten, Ihre Helfer einteilen, deren Aufgaben strukturieren können und zugleich auch noch im Auge behalten, was vor dem Haus so alles passiert.

Das »Selbst« ist also als der innere Strukturgeber und Entscheider *der* zentrale Punkt der Persönlichkeit. Das Selbst bleibt das ganze Leben da, wo es ist, ermöglicht eine Differenzierung zwischen verschiedenen Bereichen der Persönlichkeit und trifft Entscheidungen.

Allerdings kann ich Ihnen nicht sagen, *was* das Selbst eigentlich ist. Ich habe auch noch keinen befriedigenden Ansatz gefunden, der das könnte. Das Selbst ist unsere innere »Black Box«: Es ist da, es hat klare Aufgaben und Funktionen, aber wie es funktioniert, bleibt ein Geheimnis. Ich finde das nach den Jahren, die ich mich mit dem Thema »Persönlichkeit« beschäftige, ehrlich gesagt ziemlich entspannend. Zu wissen, dass wir nicht alles von uns erfahren und erforschen können, macht mich einerseits demütig, und zugleich finde ich es nicht schlecht, auch ein bisschen geheimnisvoll zu bleiben.

Einen letzten Aspekt möchte ich aus Assagiolis Überlegungen herausgreifen: die »Dynamik der Persönlichkeit«. Er vermittelt keine Heile-Welt-Vorstellung, nach der wir uns nur mal ordentlich kennenlernen müssten, und dann ist alles für immer paletti. So etwas wäre nicht nur falsch, sondern auch ziemlich hinderlich für das persönliche Wachstum. Vielmehr betont er, dass es immer wieder zu Situationen kommen wird, in denen innere und äußere Konflikte entstehen. Ein Leben lang. Beispielsweise wenn die »Trägheit, Faulheit und der Wunsch nach Sicherheit« mit der »Tendenz zu Wachstum, Selbstbehauptung und Abenteuer« aufeinandertreffen. In solch einer Situation ist ein ordentlicher Konflikt programmiert.

Ein möglicher Weg aus dem Dilemma besteht darin, dass wir die verschiedenen inneren Anteile anerkennen, uns ihrer Ressourcen und Risiken bewusst werden. Assagioli nennt das »organisierte Persönlichkeit«. Eine andere Möglichkeit wäre, entweder die Trägheit oder das Abenteuer zu verdrängen, um im Beispiel zu bleiben. Das klappt auch hervorragend – schließlich macht das jeder von uns, ich würde sagen: täglich. Mehrmals. Aber von einer wirklichen Entwicklung kann man dann nicht zwingend sprechen. Schließlich kommen wir entweder nicht auf die Couch oder nicht in den Dschungel. Egal, was wir machen, wir verpassen etwas.

Aber zum Glück ist uns das manchmal einfach egal. Wir müssen uns ja nicht dauernd entwickeln. Allerdings lesen Sie dieses Buch ja nicht ohne Grund und werden danach zumindest wissen, wie es funktionieren *könnte*.

Und weil ich auch ein bisschen gemein bin – das gehört als guter Therapeut und Coach dazu –, kommt nun die nächste Aufgabe: Erinnern Sie sich an so viele <u>gescheiterte Vorhaben</u> wie möglich. Sie können in der Vergangenheit anfangen – dann wären nicht erreichte Berufswünsche, ewig unerfüllte Lieben und natürlich all die Entscheidungen zu erwähnen, bei denen Sie schon kurz danach wussten, dass Sie sich doch besser für Tor 1 entschieden hätten. Sie machen das genau richtig, wenn Sie jetzt zumindest wehmütig auf die Möglichkeiten zurückblicken, die Sie verpasst haben.

Entscheidend für diese und alle weiteren Überlegungen ist, welche Entscheidung Sie treffen: Haben Sie einfach Pech gehabt, und das wird auch in Zukunft so bleiben? Oder kommen Sie zu dem Ergebnis, dass es (mehr oder weniger gute) Gründe für diesen Verlauf der Geschichte gegeben hat und Sie heute und Ihr gesamtes Leben lang die richtigen Entscheidungen treffen?

Im zweiten Falle entsprechen Sie Assagiolis Ideal von der »organisierten Persönlichkeit« und versuchen zumindest, die unterschiedlichen Interessen Ihrer inneren Mannschaft zu berücksichtigen. Dass das nicht immer gelingen wird und immer wieder mal ein Bedürfnis auf der Strecke bleibt, ist leider Teil des Spiels.

Holen wir den nächsten Denker auf die Bühne. Einen ganz Großen in der Ahnengalerie der Psychotherapie.

Carl Gustav Jung war zunächst Schüler, dann Konkurrent Freuds, dementsprechend Pfeifen- und nicht Zigarren-raucher, Schweizer, nicht Österreicher. Aber wir wollen uns nicht mit der Konfliktlandschaft in der narzisstischen Früh-phase der Psychotherapiegeschichte aufhalten.

Jung beschreibt die Persönlichkeit des Menschen als geglie-derte Struktur rund um das »Ich«. Einen »Komplex psychi-scher Fakten«, der sowohl eine Wahrnehmung nach außen (das »ektopsychische Bewusstsein«) als auch nach innen (das »endopsychische Bewusstsein«) ermöglicht. Die einzelnen Bestandteile des Ich können demnach vielfältige Ausprägun-gen annehmen und zeichnen sich durch eine innere Dynamik aus: »Freud sieht den psychischen Prozess statisch, während ich dynamische Ausdrücke und solche der Beziehung gebrau-che. Für mich ist alles relativ« (Jung 1969, S. 78).

Diese Dynamik der Persönlichkeit, also ihre Entwick-lungsfähigkeit und Wandelbarkeit, ist auch ein ganz wesent-licher Aspekt meines Ansatzes. Ich würde sogar sagen, das ist *die* frohe Botschaft schlechthin! Wir können uns verändern, wir sind »relativ«. Schmissiger ausgedrückt: *»Yes, we can!«*

Doch es gibt noch mehr, was Sie bei Jung für Ihr Vor-haben mitnehmen können: Zum einen ist da das, was er als »Schattenwelt« versteht: das innere Erleben und Verhal-ten des Menschen – »das Unbewusste«[6]. Um diese Welt aus verborgenen, diffusen Elementen erkunden zu können, ist ebenjenes »endopsychische Bewusstsein« notwendig, das

---

6 Die Bezeichnung »Unterbewusstsein«, wie ich sie ganz oft höre, fin-det sich übrigens weder bei Jung noch bei Freud, sondern sie ist das Produkt eines Rückübersetzungsfehlers.

Hören auf die inneren Stimmen. In der Schattenwelt Jungs gibt es den »Einbruch« – das sind diejenigen unbewussten Aspekte der Persönlichkeit, die dafür sorgen, dass wir uns nicht immer rational oder objektiv verhalten. Diese machen in seinem Modell einen großen Anteil an der Individualität und der Entwicklungsfähigkeit des einzelnen Menschen aus. »Wir finden heraus, dass wir das und jenes und auch noch anderes sind, und dabei können wir die erstaunlichsten Dinge erleben. Daraus geht hervor, dass es immer noch Teile unserer Persönlichkeit gibt, die unbewusst und noch im Werden sind« (Jung 1969, S. 31).

Diese »Schattenwelt« gliedert sich erneut in zwei Bereiche. Da sind zum einen die *persönlichen Bereiche* des Unbewussten. Diese beeinflussen vor allem unsere Gefühlswelt, unser emotionales Erleben. Dadurch erhalten wir unsere individuelle Färbung, die uns von anderen unterscheidet. Zum anderen finden sich im schattenhaften Unbewussten die *kollektiven Grundmuster.* Das sind diejenigen Aspekte unserer Persönlichkeit, die jeden von uns in gleichem Maße beeinflussen, die uns allen gleichermaßen gehören.

In seiner Auseinandersetzung mit dem kollektiven Unbewussten wird Jungs häufiger Bezug zu mythologischen Themen deutlich. Er belegte seine Theorien zu einem großen Teil mit solchen Geschichten.

Jung war wohl ein ziemlich großer Fan von Sagen, Märchen und alten Überlieferungen – und damit für mich ein großes Vorbild, nicht nur Wissenschaftliches, sondern auch Helden und Götter in meine Überlegungen einzubeziehen. Oder finden Sie es nicht auch unglaublich spannend, dass etwa die älteste überlieferte Geschichte der Menschheit, das Gilgamesch-Epos, als Analogie für die Zerrissenheit der menschlichen Persönlichkeit zu verstehen ist? Vor dreitausend Jahren in Stein gemeißelt und heute noch aktuell. Das muss man erst mal schaffen!

Jung zufolge nutzen die Menschen Geschichten, um ihr inneres Erleben auszudrücken. Er betrachtet als einer der Ersten die Geschichten der Menschheit als Metapher und als Ausdruck für die menschliche Persönlichkeit: Durch die Vergleichbarkeit vieler Motive in verschiedenen Erzählungen schließt er auf einen gemeinsamen, kollektiven Hintergrund. Beispiele für diese *Archetypen* sind »der Held, der Erlöser, der Drache (immer verbunden mit dem ihn überwindenden Helden), der Wal oder das Ungeheuer, das den Helden verschlingt« (Jung 1969, S. 51). Diese Charaktere kommen in unzähligen Varianten in Geschichten auf der ganzen Welt und zu unterschiedlichsten Zeiten vor. Als »Archetypen« erscheinen sie uns vor allem in unseren Träumen und existieren dadurch nicht nur in Überlieferungen, sondern sind für jeden Träumer und jede Träumerin Realität – zumindest solange wir schlafen und unsere Kontrollfunktionen, die sonst unsere unbewussten Anteile unterdrücken, nicht wirken. Dabei würde ich Haus und Hof verwetten, dass jeder meiner Leserinnen und Leser unterschiedliche Vorstellungen davon hat, was Held und was Drache ist. Es gibt eben nicht *die* Realität der Archetypen, sondern eine individuelle Deutung, die subjektive Wirklichkeit des Einzelnen.

Durch diese Deutungshoheit des einzelnen Menschen wird bei Jung erneut die Individualität einer menschlichen

Persönlichkeit betont. Das Hervorheben der Vieldeutigkeit und zugleich der Vergleichbarkeit in der grundlegenden Struktur findet sich auch in meinem Ansatz wieder: Jeder von uns hat eben seine ganz persönlichen Ungeheuer, aber immerhin haben wir alle welche. Auch irgendwie tröstlich.

Widmen Sie sich nun einer oder mehreren der »Geschichten«, die für Ihr Leben bedeutsam waren. Dazu gehen Sie am besten ganz weit zurück in die Kindheit: Welche Geschichten haben Ihre Eltern, Großeltern, Tanten oder Onkel immer wieder erzählt – und damit mächtig Eindruck bei Ihnen hinterlassen?

Ich erinnere mich beispielsweise spontan an eine Geschichte meiner Oma. Als Kind hat sie angeblich mal ein Marmeladenmesser abgeschleckt. Ganz genüsslich und in voller Länge hat sie es einmal durch den Mund gezogen. Allerdings mit der Schneide auf der falschen Seite ... Bis heute ist mir ein bisschen schummrig, wenn ich in einem von meinen Kindern unbeachteten Moment das sonntägliche Nutella-Messer abschlecke. Dank meiner Oma allerdings immer mit der Schneide nach außen.

Ich könnte jetzt ins Erzählen kommen – aber an dieser Stelle sollen ja Sie ran: Also, schreiben Sie ein, zwei oder mehrere Ihrer Kindheitsgeschichten auf. Auch wenn sie vielleicht nicht auf den ersten Blick einen direkten Bezug zu Ihrer Persönlichkeit herstellen, werden sie ganz sicher ihre Wirkung entfaltet haben.

Mit Erik H. Erikson werfen wir als Nächstes einen entwicklungspsychologischen Blick auf die Persönlichkeit. In diesem Teilgebiet der Psychologie geht es vor allem darum, ob und wie sich der Mensch über seine gesamte Lebensspanne hin verändert, mit anderen Worten: wie er sich *entwickelt.*

Der Psychoanalytiker Erikson beschreibt in seinem Identitätsmodell insgesamt acht Phasen, die wir Menschen im Leben durchlaufen müssen. In jeder dieser Phasen haben wir demnach eine bestimmte »Krise« zu bewältigen, was anschließend dazu führt, dass wir uns und unsere Identität – anders ausgedrückt: unsere Persönlichkeit – verändern.

Das fängt schon ganz früh im Säuglingsalter damit an, dass wir uns zwischen »Urvertrauen« und »Misstrauen« hin und her bewegen. Auch wenn Sie sich ziemlich sicher nicht mehr daran erinnern können, so versuchen Sie sich doch einmal vorzustellen, wie anstrengend das sein muss: Aus Säuglingssicht weiß man eben nie genau, ob Mama oder Papa, bei all ihrer Liebe, auch wirklich zurückkommen, wenn sie einen zuvor allein ins Bettchen verfrachtet haben.

Und so hangeln wir uns von Entwicklungskonflikt zu Entwicklungskonflikt. Ein Leben lang. Sogar im »reifen Erwachsenenalter« (so nennt das Erikson) schwanken wir demnach immer wieder zwischen »Integrität« und »Verzweiflung« – vor allem im Rückblick auf das bisher erlebte Leben. Mit anderen Worten: »Non, je ne regrette rien« vs. »Hätt ich doch …«.

Bevor Sie sich jetzt ans Grübeln machen, welche psychosoziale Krise Sie momentan umtreibt, möchte ich Sie lieber auf den zentralen Grund aufmerksam machen, warum ich Ihnen hier überhaupt von Eriksons Modell erzähle. Das

Grübeln können Sie dann ja später nachholen, sozusagen als Hausaufgabe.

Der Umstand, dass wir uns *ein Leben lang* verändern und weiterentwickeln, ist einer der zentralen Aspekte auch meines Persönlichkeitsmodells. Dabei bin ich mir der zwei Seiten der Medaille durchaus bewusst. Zum einen heißt das nämlich, dass wir uns jederzeit, immer wieder, noch mal und noch mal verändern, anpassen, verbessern, neu orientieren, entwickeln können. Das ist doch großartig, oder? Wir können immer wieder anders, müssen nie »fertig« sein. Zum anderen kann einen das ganz schön fertigmachen. Immer wieder neue Konflikte, neue Herausforderungen, neuer Veränderungsdruck – kann es nicht einfach mal gut sein? Na ja, ich schätze, so ist das Leben.

Übrigens: Sollte man die letzte Lebenskrise gelöst haben, so wartet nach Erikson am Ende die »Weisheit« als großer Preis der Persönlichkeitsentwicklung. Mit dem Wissen aus meinem Buch wird es also für Sie auch nicht leichter werden, aber vielleicht schöner.

Ende des 19. Jahrhunderts begann der französische Statistiker Jacques Bertillon damit, Daten über Sterbeursachen zu sammeln. Im Laufe der Zeit entstand daraus eine später nach ihm benannte Klassifikation, die systematisch Krankheiten auflistete. Nach dem Zweiten Weltkrieg übernahmen die frisch gegründeten Vereinten Nationen beziehungsweise deren Weltgesundheitsorganisation WHO Bertillons Tradition und veröffentlichten die *Internationale statistische Klassifikation der Krankheiten und verwandter Gesundheitsprobleme* (kurz: ICD). Regelmäßig wird eine neue Auflage herausgebracht.

Das 5. Kapitel der aktuellen 10. Auflage handelt dabei von *psychischen Störungen und Verhaltensauffälligkeiten*. Im Rahmen unseres Themas werden wir dort gleich bei zwei wichtigen Aspekten fündig: einerseits im Rahmen der Angststörungen bei der *multiplen Persönlichkeitsstörung* sowie andererseits dem Abschnitt zu den *Persönlichkeits- und Verhaltensstörungen*.

Wie ich später noch lebhaft umschreiben werde, handelt es sich bei den multiplen Persönlichkeitsstörungen (auch *dissoziativen Störungsbildern mit multipler Persönlichkeit*) um eine mögliche Extremausbildung von Persönlichkeitsanteilen. Dabei sind mehrere verschiedene Teilpersönlichkeiten in einem Menschen vorhanden. Jede dieser Persönlichkeiten ist vollständig ausgestattet mit Erinnerungen, Vorlieben und spezifischen Verhaltensweisen – nicht selten sogar mit eigenem Namen, anderem Alter oder sogar Geschlecht. Sie können durchaus im Kontrast zur »eigentlichen« oder »ursprünglichen« Persönlichkeit des Betroffenen stehen, und unter Umständen weiß die eine nichts von der anderen. In den meisten Fällen dieser Störung wird von zwei Persönlichkeiten berichtet, allerdings gibt es auch Berichte von hundert Verwandlungen – wobei es ziemlich schwierig sein dürfte, hier noch trennscharf zu unterscheiden.

Die Einordnung in die Kategorie der »Angststörungen« erfolgt deshalb, da man davon ausgeht, dass Betroffene in Situationen geraten sind, die sie mit ihrer vorhandenen Konstellation der Persönlichkeit nicht bewältigen konnten – traumatische, angsteinflößende Erlebnisse. Und dann geschieht das »Ver-rückte«: Damit die nächste Situation, in der die eigentliche Persönlichkeit der Herausforderung nicht gewachsen ist, nicht wieder scheitert, spaltet sich eine neue Identität ab.

Eigentlich äußerst hilfreich, wenn es nicht so anstrengend für die Betroffenen und ihr Umfeld wäre zu unterscheiden, wer jetzt gerade mit einem spricht. Stellen Sie sich beispielsweise eine Situation vor, in der Sie sich nicht so durchsetzen konnten, wie sie eigentlich gern wollten. Hätten Sie eine multiple Persönlichkeitsstörung, dann müssten beim nächsten Mal, wenn es ähnlich zugeht, nicht Sie selbst reagieren. Sie würden stattdessen Ihren brutalen Schläger losschicken, der nach dem Motto handelt: »Erst zuschlagen, dann fragen!« Das hätte den großartigen Vorteil, dass Sie nicht blöd angemacht werden. Nicht schlecht, oder?

Auf der anderen Seite wären Sie dann wahrscheinlich ziemlich überrascht, wenn Sie selbst am darauffolgenden Morgen in den Spiegel sehen und sich wundern, woher das blaue Auge und die schmerzenden Rippen kommen. Im Extremfall hätten Sie für die verschiedensten Herausforderungen eine eigene Persönlichkeit mit ihren individuellen Stärken – und Schwächen. Interessanterweise können die einzelnen Identitäten sogar Einfluss auf die Körperfunktionen haben, angefangen bei unterschiedlicher Sehschärfe über Asthma bis hin zu allergischen Reaktionen, die nur bei einzelnen Teilpersönlichkeiten auftreten.

Machen Sie sich an dieser Stelle ein paar Gedanken darüber, welche Persönlichkeitsanteile Sie gern schneller verfügbar hätten, wenn es mal wieder eng wird. Egal, ob das nun im nächsten Mitarbeitergespräch mit Ihrem Chef, beim nächsten »Mein-Kind-kann-

schon«-Wettbewerb auf dem Spielplatz oder beim nächsten romantischen Abend zu zweit ist.

Welcher Anteil könnte Sie dabei bestmöglich unterstützen? Vielleicht haben Sie diesen Anteil ja schon, aber er fristet momentan ein Dasein im Persönlichkeitskeller. Oder Sie kennen diesen Anteil aus (stiller) Bewunderung von Freunden, Bekannten oder Kollegen. Möglicherweise hätten Sie ihn auch gerne, haben ihn aber bislang noch nicht zu sich eingeladen.

Notieren Sie sich ein oder mehrere Beispiele dieser Anteile, beschreiben Sie deren Stärken – gegebenenfalls auch ihre Schwächen – und geben Sie jedem Anteil einen Namen.

Bei der Bezeichnung von inneren Anteilen ist es vor allem wichtig, dass Sie damit etwas anfangen können.

Nehmen wir mein Lieblingsbeispiel: den Faulen Teil. Man kann diesen kurz umschreiben: »der Teil, der mich auf die Couch bringt«. Oder man findet einen einzelnen Begriff, der diesen Teil kennzeichnet, gern auch aus dem umgangssprachlichen Alltag bekannte Klassiker (»Faulpelz«) oder Assoziationen zu Film- und Romanfiguren oder berühmten Persönlichkeiten, die Sie an diesen inneren Anteil erinnern.

Sie können hier Ihrer Fantasie freien Lauf lassen – je detaillierter Sie für jeden Anteil ein Bild vor Augen haben, desto besser. Falls es Ihnen hilft, dann stellen Sie sich vor Ihr Bücherregal und überfliegen Sie die einzelnen Titel. Dann werden Sie sich sicher an den/die ein(e) oder andere(n) Romanhelden beziehungsweise -heldin erinnern, der/die einen inneren Anteil verkörpern könnte. Gleiches gilt übrigens für Ihre DVD-, Musik- oder Matchboxautosammlung – oder für was auch immer Sie sich begeistern.

Im Gegensatz zu einer Person mit multipler Persönlichkeitsstörung zeichnet sich die »gesunde«, besser »nichtpatholo-
gische«, Persönlichkeit dadurch aus, dass sich alle Anteile
gegenseitig bewusst sind, und vor allem, dass die Struktur und
die »Rollenverteilung« durch das Selbst gesteuert wird. Aber
wer von uns weiß schon über alle seine untersten, verstecktes-
ten Anteile Bescheid? Daher will ich an dieser Stelle Friedemann Schulz von Thun zu Wort kommen lassen, von dem wir
weiter unten noch mehr hören werden. Er schreibt: »Wir sind
alle ›multiple Persönlichkeiten‹; was uns aber vor einer multiplen Persönlichkeitsstörung bewahrt, ist die ›Ko-Bewusst-
heit‹, die Fähigkeit zur Teambildung unter der Regie eines gut
entwickelten Oberhaupts« (Schulz von Thun 2004, S. 114).

Sollten Sie sich jetzt Sorgen machen, wenn Ihre Kinder
gerade mit einem imaginären Spielkameraden diskutieren,
wie sie den Schatz im Silbersee am besten heben könnten,
dann darf ich Sie beruhigen: Das ist nicht nur völlig normal, sondern für die Entwicklung Ihres Kindes auch absolut
wichtig. Dadurch werden Handlungskompetenzen, Kreativität und Vorstellungsvermögen trainiert. Ähnliches gilt
wahrscheinlich auch für Ihren Mann, der gerade vor der
Sportschau sitzt und mit dem imaginierten Gerhard Delling
über den letzten Elfmeter diskutiert – aber jetzt kommen wir
langsam zu weit weg vom Thema.

Das zweite Störungsbild, das ich oben angesprochen
habe, behandelt die *Persönlichkeits- und Verhaltensstörungen.* Dabei handelt es sich um einen Störungskomplex, bei
dem laut ICD-10 »meist langanhaltende Zustandsbilder und
Verhaltensmuster« beschrieben werden, die »Ausdruck des

charakteristischen, individuellen Lebensstils, des Verhältnisses zur eigenen Person und zu anderen Personen« sind. In den Worten meines Persönlichkeitsmodells sind dabei einzelne Persönlichkeitsanteile besonders intensiv ausgeprägt oder zumindest nicht so gestaltet, wie die Mehrheit der anderen Menschen das gern hätte.

Genau an dieser Stelle habe ich persönlich gewisse Schwierigkeiten mit dem Konstrukt der Persönlichkeitsstörung. Denn ob jemand »anders« ist, hängt vor allem davon ab, was »normal« ist. Und die Norm hängt wiederum davon ab, was die meisten von uns für normal halten. So weit, so gut. Problematisch wird es dadurch, dass wir oft »normal« mit »richtig« verwechseln. Danach macht es nämlich jeder, der sich anders verhält, als wir es kennen, der also »nicht normal« ist, falsch.

Ein gutes Stichwort: normal.

Halten Sie für den Augenblick fest, was Ihrer Meinung nach für Ihr Leben im Besonderen und die Welt um Sie herum im Allgemeinen als »normal« gilt. Damit meine ich all die Aspekte Ihrer Tagtäglichkeit, die »selbstverständlich« sind, die so und nicht anders zu sein haben.

Das wird eine gute Sammlung an Begründungen, warum die ein oder andere Persönlichkeitsentwicklung nicht umsetzbar sei. Denn bei aller Sehnsucht nach Weiterentwicklung oder »Besser-Werden«, vergessen wir gern mal, dass wir vielleicht noch nicht bereit sind, das Selbstverständliche zu hinterfragen oder gar zu ändern.

Kommen wir so langsam zum Ende unseres Ausflugs in die Vorstellung der Psychologie von Persönlichkeit. Drei Sichtweisen möchte ich Ihnen gern noch vorstellen, mit denen wir uns Schritt für Schritt meinem Modell nähern.

Der amerikanische Familientherapeut Richard Schwartz entwickelte das Theoriemodell seines »Inneren-Familien-Systems« (kurz: IFS) ebenfalls auf der Basis unterschiedlicher Theorien – vom Schamanismus über psychologische Ansätze bis hin zu Erkenntnissen aus der Hirnforschung und Ansätzen zur künstlichen Intelligenz. Aus seiner Praxis an der University of Illinois in Chicago, wo er mit Patienten arbeitete, die an Essstörungen litten, kam er dann zu seinem Modell der inneren Familie.

Dabei machte er die Beobachtung, dass bei Konflikten in der Familie oder in der Partnerschaft vergleichbare Konflikte innerhalb der Persönlichkeit der Betroffenen vorhanden waren. Diese inneren Konflikte werden ihm zufolge zwischen verschiedenen Anteilen *(parts)* der Persönlichkeit ausgetragen. Alle Anteile zusammen machen dann die gesamte Persönlichkeit aus. Das Selbst stellt für ihn dabei den inneren Anführer dar, der die Teile voneinander abgrenzt.

Schwartz geht davon aus, dass »die Menschen alle Ressourcen besitzen, die sie brauchen« (Schwartz 1997, S. 25). Um diese Ressourcen zu aktivieren, sei es daher notwendig, dass die Patienten wieder die Kompetenz zum gezielten eigenen Handeln erlangen. Diese kann durch Selbststigmatisierung beeinträchtigt sein, beispielsweise durch die – Ihnen vielleicht nicht ganz unbekannte – Selbstbeschreibung: »Ich bin faul.«

Oder kennen Sie nicht dieses klebrige Gefühl, das sich immer weiter steigert, wenn sich Ihre Faulheit mit all ihren Auswirkungen wie ein mächtiges Damoklesschwert über Sie hängt? Falls wirklich nicht, dann ersetzen Sie im oberen Satz einfach »faul« durch »dick« oder »unzuverlässig« oder was auch immer Sie bei sich zeitweise nicht ausstehen können.

Eine Veränderung im Sinne des IFS wird möglich, wenn solche oder ähnliche Glaubenssätze neu entworfen werden. Es sollte dann also in einem ersten Schritt besser (und vor allem der Wirklichkeit bedeutend näher!) heißen: »Ich bin ich, und ich habe einen faulen/verfressenen/unzuverlässigen Anteil.«

Dadurch kann eine neue Handlungsfähigkeit entstehen, da nicht mehr das gesamte Selbstbild negativ geprägt ist, sondern zunächst nur ganz spezifische Aspekte der Persönlichkeit.

Schreiben Sie einen Satz auf, mit dem Sie sich beziehungsweise eine Facette Ihrer Persönlichkeit beschreiben würden – und zwar in der Form »Ich bin ...«.

Und nun schreiben Sie den inhaltlich gleichen Satz, aber in der Form: »Ich bin ich, und ich habe einen ... Anteil.«

Dieses Spiel sollten Sie sowohl mit einem eher unangenehmen Anteil als auch mit einem spielen, auf den Sie besonders stolz sind.

Bei welcher Variante könnten Sie eine Entwicklung leichter anstoßen?

Für meinen eigenen beruflichen Weg äußerst prägend sind die Ansätze der amerikanischen »Mutter der Familientherapie« Virginia Satir. Ihr haben Sie unter anderem das Bild vom »inneren Theater« zu verdanken, das ich gern benutze, um zu beschreiben, was Persönlichkeit ist.

Satir betont außerdem ein ganz wesentliches »Sowohl-als-auch«-Prinzip der menschlichen Persönlichkeit, das ich bislang noch ausgelassen habe. Mit der Persönlichkeit haben wir nämlich ein Konstrukt, das zwei scheinbar unvereinbare Voraussetzungen vereint.

Einerseits ist die Persönlichkeit eines Menschen immer dieselbe. Nehmen Sie sich selbst als Beispiel. Würden Sie mir widersprechen, wenn ich behauptete, dass Sie der- oder dieselbe sind wie gestern, vor zwei Wochen, vor fünf Jahren, mit fünf Jahren? *Sie sind Sie.* Auch noch morgen, in zwei Wochen, in fünf Jahren und sicher auch noch viel später – wenn Sie dann noch hier sind.

Und jetzt kommt's.

Andererseits sind Sie eben *nicht* mehr der- beziehungsweise dieselbe wie gestern, vor zwei Wochen, vor fünf Jahren oder mit fünf Jahren. Sie haben sich verändert, haben andere, neue Eigenschaften, Ziele, Vorstellungen, Erinnerungen und Gedanken. Und dasselbe gilt auch für morgen, in zwei Wochen, in fünf Jahren und so weiter. Genau genommen sind Sie schon nicht mehr der- oder dieselbe, wenn Sie diesen Satz gelesen haben. Weil sich neue Gedanken entwickelt haben, die Sie vor dem Satz noch nicht hatten. Allerdings ist diese Veränderung wahrscheinlich so gering, dass sie nicht auffällt. Nach dem ganzen Buch ist das vielleicht schon etwas deutlicher.

Wir sind *immer gleich* und *immer anders.*

Das ist doch der Hammer, oder?

In einer Person und einer Persönlichkeit. Dass uns das nicht verrückt macht, ist ja an sich schon ein halbes Wunder. Das Entspannende an dieser Nachricht ist, dass wir uns durchaus auf uns verlassen und zugleich immer wieder das verändern können, was uns gerade nicht sonderlich vorteilhaft erscheint.

Für alle Anteile in Satirs Modell gilt, sie können die Persönlichkeit sowohl unterstützen als auch beeinträchtigen. Auch die »ungeliebten« Anteile können wichtige Aufgaben übernehmen, und die »geschätzten« können zu einer vorübergehenden Belastung führen. Unsere Persönlichkeit wägt nach Satir in jeder Situation neu ab, ob ihre Anteile eher als »Energiespender (Hoffnung, Hilfsbereitschaft, Stärke, neue Möglichkeit, Veränderung, Entscheidungsfreiheit)« oder als »Energiefresser« (das sind die entsprechenden Gegenspieler) eingestuft werden. Entscheidend in der einzelnen Situation ist, *wie* sich die Anteile miteinander gruppieren und welcher Aspekt in dieser Einschätzung insgesamt überwiegt. Das Selbst ist in diesem Zusammenhang Intendant, Regisseur und Drehbuchautor der inneren Bühne.

Die Annahme, dass jeder Anteil sowohl zur Ressource als auch zum Risiko werden kann, ist einer der grundlegenden Aspekte meines Modells.

Probieren Sie's mal eben aus.

Schnappen Sie sich irgendeinen Ihrer Anteile. Egal, welchen. Mit ein bisschen Überlegen fällt Ihnen sicher eine Situation ein, in der er für Sie gute Dienste geleistet hat. Mit etwas mehr Nachdenken kommen dann Situationen dazu, an denen dieser Darsteller Ihrer Bühne nicht unbedingt zu Standing Ovations geführt hat, sondern vielleicht sogar ausgebuht wurde. Das geht auch umgekehrt, wenn Ihnen zuerst eine Aufführung mit vernichtender Kritik einfällt. Sollte beides nicht funktioniert haben, bitte ich Sie nur noch um ein paar Seiten Geduld. Mit meinem Ansatz zur Persönlichkeitsentwicklung im nächsten Kapitel werden Sie es schaffen.

Und damit machen wir Platz für einen letzten Vertreter der psychologischen Zunft, den ich in diesem Kapitel auf die Bühne holen möchte. Der bereits erwähnte Hamburger Psychologe Friedemann Schulz von Thun beschreibt ein sehr differenziertes und zugleich einfaches Modell der multipliziten, vielgestaltigen Persönlichkeitstheorien durch sein »Inneres Team«. Insgesamt ist sein Ansatz derjenige, der mein Modell am meisten beeinflusst hat beziehungsweise sich am deutlichsten in ihm wiederfindet. Die bildreiche Sprache und einfache Beschreibung des Inneren Teams mit zahlreichen Beispielen eignet sich hervorragend für den Einsatz in der psychotherapeutischen Praxis, im Coaching oder im Kommunikations- und Personaltraining. Ich reduziere an dieser Stelle dessen Inhalte auf das Wesentliche, sodass eine kurze und möglichst wertneutrale Beschreibung entstehen kann.

In seinem Modell vom »Inneren Team« verknüpft Schulz von Thun zwei Denkschulen:

- »*Das humanistische Denken* (mit dem Ideal der autonomen und sich verwirklichenden Persönlichkeit) und
- *das systemische Denken* (mit der Erkenntnis, dass der Mensch nur als Teil eines Ganzen seiner Identität gewinnt)« (Schulz von Thun 2004, S. 16).

Aus diesen Denktraditionen heraus schließt er: »So erweist sich das ›Ich‹, das nach Übereinstimmung mit sich selbst sucht, als ein multiples Gebilde, erweist sich die *innere Pluralität* als menschliches Wesensmerkmal.«

Um diese innere Vielgestaltigkeit beschreiben zu können, wählt Schulz von Thun die Metapher des Inneren Teams mit individuellen Teammitgliedern, die in ihrer spezifischen Konstellation die Persönlichkeit ausmachen: »Tatsächlich ›gibt‹ es diese ›kleinen Männchen und Frauchen‹ nicht, schon gar nicht in unserer Brust, denn der Ort solcher Vorgänge ist wohl eher das Gehirn. Es handelt sich um eine Metapher, ein Vorstellungsbild, das wir uns machen können, um die wenig greifbaren seelischen Vorgänge in den Blick und ein wenig auch in den Griff zu bekommen. Eine Metapher ist immer so konstruiert, dass sie eine unbekannte Sache mit Begriffen einer bekannten Sache beschreibt« (Schulz von Thun 2004, S. 30).

Sie merken schon: Ich lasse ihn hier viel zu Wort kommen, aber manche Sätze werden einfach nicht besser, wenn man sie selbst schreibt – dann lieber zitieren.

Die Mitglieder des Inneren Teams nehmen nach Schulz von Thun je nach Situation und Kontext eine unterschiedliche »Aufstellung« ein. Diese »kontextspezifische Konfigurationsbildung« ist beispielsweise abhängig von »Alltagssituationen aller Art, besonderen Ereignissen, Lebensthemen (wie unter anderem berufliche Orientierung), Aufgaben, Fragen der Zeit, Menschen, Beziehungspartner, Rollen und existenziellen Fragen«. Schulz von Thun nutzt zwar gerne und viel die von Satir abgeschaute Theater-Metapher, aber wir können hier auch andere Bilder finden, wie etwa Fußballmannschaften oder »in Analogie zum modernen Berufsleben – Projektgruppen«. Daher freue ich mich, jetzt auch eine weitere Gruppe Leser mit ins Metaphernboot holen zu können:

Wer spielt in Ihrer Persönlichkeit in der ersten Mannschaft, wer sitzt auf der Ersatzbank, wer sind die Stürmerstars und wer der Torwart? Wen setzen Sie ein, wenn es ein Freundschaftsspiel zu absolvieren gilt, und wer wird im Champions-League-Finale in der 82. Minute ausgewechselt?

Falls Sie mit Fußball etwas anfangen können, zeichnen Sie mal ein Bild Ihrer Mannschaftsaufstellung. Wirklich zeichnen! So, wie Sie das von der Sportschau kennen.

Sie können gerne auch Rückennummern vergeben oder Trikots drucken lassen – im Gegensatz zum echten Fanschal, der bei Ihnen an der Wand hängt, sind Trikots, Spieler und Vereinsgaststätte bei der Mannschaft Ihrer Persönlichkeit wirklich günstig.

Falls Sie dem Fußball nichts abgewinnen können, dann nehmen Sie Ihre Lieblingssportart, zeichnen Sie Ihre Orchesterbesetzung oder den Cast Ihrer Lieblingsserie.

Soweit mit einer mehr oder weniger kleinen Übersicht der psychologischen Basis, die dieses Buch und mein Verständnis von Persönlichkeit grundlegend beeinflusst haben.

Deswegen wird es höchste Zeit, dass Sie Ihre inneren Anteile etwas genauer beschreiben. Dazu möchte ich Ihnen als Nächstes meine Herangehensweise vorstellen, mit der ich innere Anteile charakterisiere.

5.

Licht ins Dunkel

Bisher haben Sie viele Facetten des Hauses der Persönlichkeit kennengelernt. Vom Fundament seiner Entstehung über den Aufbau der verschiedenen Etagen bis hin zu einigen seiner Bewohner. Jetzt wollen wir uns endlich damit beschäftigen, wie Sie Ihr persönliches Haus der inneren Anteile genauer kennenlernen und deren Entwicklungsschritte gestalten können.

Der Themenbereich *Persönlichkeitsentwicklung* ist ein weites Feld. Nicht selten werden darunter verschiedene Aufgaben zusammengefasst, die Fähigkeiten, Kompetenzen oder Potenziale des Individuums verändern sollen. Wie wir bisher sehen konnten, bestimmt die Persönlichkeit zu einem großen Teil unser Verhalten. Sie ist aber nicht gleichzusetzen mit Verhalten. Während mit der *Persönlichkeit* die innere Beschaffenheit des Individuums beschrieben werden kann, ist das *Verhalten* das von außen zu Beobachtende. Beides beeinflusst sich gegenseitig. Daher verändern wir mit einer Beobachtung unserer inneren Bühne auch unseren Auftritt auf der äußeren, öffentlichen Bühne.

Ob Sie jetzt gerade an einem neuralgischen Punkt im Leben sind oder in einer Situation, in der es einfach nur hilfreich wäre, über die eigenen Strukturen nachzudenken und diese anders zu gestalten, das überlasse ich Ihnen. Ich werde Ihnen auf jeden Fall einen Weg aufzeigen, der helfen kann, das zu tun. Dafür veranschauliche ich die Herangehensweise etwas ausführlicher, von der Sie bereits ein paar kleine Happen kennenlernen konnten. Schritt für Schritt werden Sie sich somit dem (unentdeckten) Potenzial Ihrer Persönlichkeitsanteile nähern.

Eigene Anteile finden

Im ersten Schritt zur Persönlichkeitsentwicklung geht es darum, seine eigenen Anteile zu finden. Also zumindest diejenigen, die gerade bewusst verfügbar sind. Dafür haben Sie ja schon einiges an Vorarbeit geleistet und sich immer wieder Notizen über Ihre inneren Anteile gemacht.

Legen Sie Ihre Aufzeichnungen neben sich und nehmen Sie sich noch mal ein paar Minuten Zeit, um zu schauen, welche Anteile sich gerade zu erkennen geben.

Dabei kommt es überhaupt nicht darauf an, bestimmte Gruppengrößen zu erzielen oder spezielle Persönlichkeitsanteile zu beobachten, »die man einfach haben muss«. Manche finden bei einem ersten Blick zwei oder drei Anteile, andere ein Dutzend oder mehr. Über die Anteile Ihrer Persönlichkeit, die sich gerade im Unbewussten verkrochen haben oder vielleicht auch dahin verbannt wurden, müssen Sie sich an dieser Stelle keine Gedanken machen: sie sind unbewusst und damit dem Zugriff Ihrer Suche – zumindest für den Moment – entzogen.

Legen Sie nun ein neues Blatt Ihres Buchs quer vor sich und zeichnen Sie darauf vier Spalten. Versehen Sie diese mit folgenden Überschriften:

Anteil	Risiko-	Ressource	Risiko+

Für diese Übung geht es dann erst mal nur um die erste Spalte: Schreiben Sie dort für jeden Anteil, den Sie finden können, eine passende Bezeichnung hinein. Lassen Sie zwischen den Anteilen ausreichend Platz, Sie werden ihn bei der genaueren Beschreibung später brauchen.

Außerdem ist es hilfreich, wenn Sie sich eine spezifische Situation auswählen, in der Ihnen diese Anteile auf der inneren Bühne ihre Aufwartung gemacht haben. Das kann jetzt, in diesem Moment, sein. Oder auch eine Situation, in der Sie sich gern weiterentwickeln möchten, etwa die nächste Prüfung, das nächste Date oder die anstehende Gehaltsverhandlung.

Wenn Sie jetzt das Gefühl haben, dass für den Anfang eine ausreichende Sammlung von Persönlichkeitsanteilen zusammengekommen ist, können wir zur nächsten Aufgabe übergehen. Die Tabelle wird sich Schritt für Schritt nach den nächsten Abschnitten füllen.

Risiko–

Wie wäre es, wenn sich ein Anteil für längere Zeit verabschiedete? Wenn er die Faxen dicke hätte, sich einfach umdrehen und Ihnen auf unbestimmte Zeit den Rücken kehren würde?

Bei diesen Überlegungen sollten Sie so richtig schön in den Extremen baden. Also nicht so zaghaft, sondern ordentlich ran an den Speck!

Bleiben wir bei meinem Lieblingsbeispiel: Es reicht nicht aus, sich vorzustellen, der Faule Anteil wäre nur mal kurz Brötchen holen. Vielmehr müssen Sie sich ausdenken, wie es wäre, wenn dieser Zustand die ganze Zeit so wäre: Keine Sekunde mehr auf der Couch, kein bisschen Abhängen im Strandbad, Tagträumereien wären völlig tabu. Denn es gibt sicher immer etwas zu tun. Ihr Leben wäre nur noch ein einziges Gehetze von einem Termin zum nächsten – während Sie die Rolltreppe hinaufspurten, stopfen Sie sich noch schnell eine Wurstsemmel in den Mund, um sodann die neuesten Börsenzahlen zu checken, während Sie parallel das Menü für die Hochzeitsfeier abhaken. Immer weiter, immer weiter, immer weiter. Und irgendwann dürften Sie sich wahrscheinlich in die Schlange der Burn-out-Betroffenen einreihen.

*Genau diese Extremsituation versuchen Sie sich beim Risiko-
(sprich: »Risiko minus«) für jeden einzelnen Ihrer Anteile so
bildhaft wie möglich vorzustellen. Anschließend schreiben Sie
zur Erinnerung ein paar Stichpunkte in die zweite Spalte Ihrer
Übersicht.*

Bei den (auf den ersten Blick) ungeliebten Anteilen wären Sie
wahrscheinlich zunächst froh, wenn sie sich für einige Zeit
aus dem Staub machten. Wäre der Faulpelz in der Sommerfri-
sche, dann würden Sie endlich so richtig was wegschaffen. Vom
Speicheraufräumen bis hin zu den Dankeskarten für die Hoch-
zeitsgeschenke. Endlich würde die To-do-Liste schrumpfen,
weil Sie ja in den nächsten Wochen kein bisschen faul wären.

So weit, so gut.

Die tugendhaften Anteile hingegen will man erst mal gar
nicht gehen lassen. Hier fällt es Ihnen unter Umständen
schwer, sich vorzustellen, wie es wäre, wenn wir nicht mehr
in den Genuss ihrer Vorzüge kämen. Wenn mich beispielsweise mein Macher-Anteil im Stich ließe, dann würde ich
nichts Neues mehr schaffen, nichts mehr anpacken, sondern
mich in allem, was um mich herum ist, mit dem Status quo
begnügen. Dadurch würde mir einiges an Erfüllung entge-
hen, ich würde nicht mehr aktiv gestalten und mitwirken und
über kurz oder lang den Anschluss verlieren.

Diesen Visionen sollten Sie sich nun ausführlich hingeben.
Falls Sie dabei nicht immer auf den Verlust kommen, der entstehen könnte, dann fragen Sie hierzu ruhig im Freundeskreis

nach. Ich kann Ihnen garantieren, dass Ihnen bei jedem Anteil, den Sie besitzen, etwas abgeht, wenn er nicht mehr da wäre.

Wenn Sie diese Übung für jeden Anteil durchlaufen haben, dann haben Sie jetzt erst richtig Appetit bekommen für den nächsten Schritt am anderen Ende der Risikoskala.

Risiko+

In die letzte Spalte Ihrer Übersicht kommen jetzt in kurzen Worten Ihre Beobachtungen darüber, was passiert, wenn dieser Anteil »zu viel« da ist. Wenn er nicht nur kurz die erste Geige spielt, sondern über Stunden, Tage, Wochen und auch über unterschiedliche Situationen hinweg. Mit anderen Worten: Das Risiko, das für Sie und Ihre Umwelt entsteht, wenn dieser Anteil Ihre Persönlichkeit beherrscht – *Risiko+* (sprich: »Risiko plus«).

Um es wieder am obigen Beispiel zu illustrieren, geht es darum, dass Sie sich ausmalen, was passiert, wenn Sie Ihr innerer Faulpelz geradezu an die Couch fesselt. Nicht nur für ein halbes Stündchen. Nein, nein. Stunden-, tage-, wochenlang. Sodass sich das schmutzige Geschirr in der Küche zu stapeln beginnt, die To-do-Liste schon nicht mehr auf ein DIN-A1-Papier passt und Sie beginnen, Ihren aktiven Wortschatz auf den Satz »Morgen reicht auch noch!« zu reduzieren.

Na, wie ist es dann?

Wie finden Sie sich selbst, wenn Sie in diesen virtuellen Spiegel blicken? Was denken Ihre Freunde, Ihre Partner, Ihre

Familie, Ihre Arbeitskollegen von Ihnen? Wie reagiert Ihr Umfeld auf Sie? Falls Sie in dieser Fantasie das Glück haben, dass überhaupt noch jemand etwas mit Ihnen zu tun haben will, wo Sie doch nur noch lethargisch-schlapp das heimische Sofa durchsitzen.

Jetzt dürften Sie langsam in der richtigen Stimmung sein, diese Erkenntnisse in kurzen Worten in der letzten Spalte Ihrer Tabelle aufzuschreiben. Stichpunkte reichen, solange Sie damit dieses Bild des Grauens beim Lesen schnell reaktivieren können. Das wiederholen Sie jetzt mit allen Anteilen, die Sie bisher gesammelt haben.

Ich könnte mir auch hier vorstellen, dass sich wieder zwei Kategorien von Anteilen abzeichnen:

- die Anteile, die auf den ersten Blick äußerst sympathisch sind; von denen Sie sich wünschen würden, dass Sie mehr von ihnen hätten oder dass sie zumindest ein bisschen häufiger in den Vordergrund träten;
- auf der anderen Seite diejenigen Anteile, deren *Risiko+* Sie nur allzu gut kennen. Diese sind dann meistens auf den ersten Blick nicht so beliebt. Sie hoffen vielleicht in einem ersten Impuls, dass diese Anteile nach der Lektüre des Buches nur noch unbeteiligte Nebenrollen in Ihrer Persönlichkeit spielen.

Ich möchte hier noch mal in aller Ausdrücklichkeit eine Warnung aussprechen: Verprellen Sie Ihre Anteile nicht! Einer der wichtigsten Aspekte meines Persönlichkeitsmodells besagt, dass jeder Anteil eine *Ressource* darstellt.

Wirklich jeder!

Also bemühen Sie sich an dieser Stelle um ausreichend Fairness und machen Sie wirklich alle Anteile in dieser Phase zu Despoten des inneren Systems, die die Macht an sich reißen und alle anderen nach ihrer Pfeife tanzen lassen. Dann werden schnell auch die Grenzen der »sympathischen« Anteile deutlich. Oder was, glauben Sie, passiert, wenn Sie Ihren Produktiven Anteil, Ihren inneren Tüftler, über die Maßen bestimmend für Ihr Verhalten machten? Wenn Sie alles anpackten, was Ihnen an Baustellen in die Quere käme. Wirklich alles. Beginnend bei den viel zu lange unlackierten Gartenmöbeln über den uralten Sand in der Spieleecke im Vorgarten, die gesprungenen Gehwegplatten auf dem Weg zum Auto bis zu den Insektenresten am Kühlergrill und … Wann wären Sie wohl an einem solchen Tag bei der Arbeit? Oder überhaupt aus der Wohnung raus? Schließlich brächte Sie ja Ihr äußerst aktiver Tüftler dazu, jedes nicht abgeschlossene Projekt erst einmal zu finalisieren, bevor Sie den nächsten Schritt täten.

Sie merken, dass an dieser Stelle jeder Anteil sein »Zuviel«-Fett wegkriegt. Also keine Zurückhaltung, es ist nur eine Gedankenübung, und Sie werden Ihre Anteile an dieser Stelle nicht nachhaltig beleidigen.

Falls Sie im Zuge dieser Überlegungen feststellen sollten, dass der ein oder andere Anteil fehlt, dann setzen Sie diesen einfach unten auf die Liste. Ähnliches gilt, wenn Sie feststellen, dass zwei oder mehr Anteile sich so ähnlich sind, dass sie eigentlich derselbe sind oder sich durch eine neue gemeinsame Bezeichnung passender beschreiben lassen. In diesem Falle streichen Sie einfach die ersten Überlegungen zu diesen Anteilen und beschreiben einen neuen.

Nachdem wir uns jetzt auch in der krassen Überdimensionierung der Anteile gesuhlt haben, wird es Zeit, den letzten Schritt zu tun. Dieser ist nun in der Regel keine Herausforderung mehr.

Ressource

Durch das Abwägen der beiden Risikotypen haben Sie ein recht klares Bild der *Ressourcen* herausgearbeitet, die Ihnen Ihre Anteile ermöglichen. Damit auch diese greifbar werden, sollten Sie daher in der dritten Spalte ein paar Notizen zu diesen Ressourcen machen.

Für dieses Verständnis von Ressource ist es vorteilhaft, wenn Sie Ihre moralischen Wertungen außen vor lassen. Es geht bei der Beschreibung Ihrer Anteile nicht um die Einschätzung, ob das entsprechende Verhalten »gut« oder »schlecht«, sondern darum, wie »funktional« es ist. Sie werden sehen, dass zahlreiche Verhaltensweisen, deren Sie sich im ersten Moment vielleicht schämen oder die Ihnen zumindest unangenehm sind, losgelöst von moralischen Urteilen hoch funktional sein können. Umgekehrt werden die ein oder anderen »guten«, »wünschenswerten« Eigenschaften eher belastend (anders ausgedrückt: dysfunktional), wenn sie zum falschen Zeitpunkt oder im Übermaß vorhanden sind.

Die Funktionalität von Verhaltensweisen ist eine bedeutsame Perspektive in der Arbeit mit meinem Persönlichkeitsmodell. Ich gehe davon aus, dass jeder Persönlichkeitsanteil, und damit jedes mögliche Verhalten, in einer bestimmten Situation einen Sinn ergibt. Allerdings nicht in der Bedeutung von »gut«, »schön« oder »sinnstiftend«, sondern dass es irgendwelche Gründe gibt, die es notwendig gemacht haben, dass sich dieser Anteil entwickelt und in seiner Art und Weise verhält. Dabei kann es passieren, dass dieses Verhalten gegen bestimmte Wert- und Moralvorstellungen verstößt, für den Einzelnen aber »hilfreich« ist. Beispielsweise kann es Ihnen ausreichend Platz im vollen Zugabteil ermöglichen, wenn Sie zum richtigen Zeitpunkt in der Nase bohren. Das entspricht zwar nicht unseren Benimmregeln, könnte aber vielleicht dafür sorgen, dass sich Aspiranten auf den freien Sitzplatz neben Ihnen angewidert umdrehen und Ihnen nicht weiter auf die Pelle rücken.

Wenn Sie im Folgenden die Ressourcen einzelner Anteile betrachten, dann wird ziemlich deutlich werden, dass diese auch dann höchst funktional arbeiten, wenn Sie es gar nicht erwarten. Damit Sie also möglichst viel von den Überlegungen zu Ihren eigenen Anteilen haben, empfehle ich Ihnen, auf Moral und Wertung zu verzichten. Überlegen Sie sich lieber, ob die Eigenschaft Ihres Anteils hilfreich oder hinderlich ist.

Nehmen wir noch einmal den Faulpelz. In unserer Leistungs-gesellschaft eher unbeliebt, ist es doch er, der dafür sorgt, dass ich mich entspanne. Er verfrachtet mich in die Hängematte, gibt mir ein gutes Buch in die Hand und den klaren Auftrag, an nichts weiter zu denken als den Moment und alles andere nicht so wichtig zu nehmen.

Der allseits anerkannte Tüftler ermöglicht mir, dass ich immer wieder neue Herausforderungen anpacke. Dabei kann es passieren, dass er mich nicht mehr in Ruhe lässt, von einem Projekt zum nächsten schickt, nie zufrieden ist und irgendwann vor lauter Chaos nicht mehr weiß, wohin. Dann haben wir den Salat, und sein Einfluss war an dieser Stelle eher hinderlich.

Zurück zu Ihrer Liste und der Spalte *Ressource:* Bedeutsam bei diesem Schritt Ihrer Überlegungen ist auch, dass Sie hier kein einziges »Aber« unterbringen. Wenn Sie richtig gut sind, dann *denken* Sie nicht einmal an ein »Aber«.

Zum Beispiel wäre es fatal, wenn Sie an dieser Stelle dächten oder schrieben: »Mein Faulpelz lässt mich entspannen, *aber* er macht mich auch lethargisch.« Dass jeder unserer Anteile Plus- und Minus-Risiken birgt, ist ja inzwischen kein Geheim-nis mehr. Das müssen Sie nicht jedem Ihrer Gedanken vor den Latz knallen. Wirkliche Entwicklung wird erst dann möglich, wenn Sie alle Ihre Anteile bedingungslos wertschätzen können. Ohne Wenn und Aber! Erst wenn Sie das schaffen, können Sie Ihre Anteile aktiv ordnen und strukturieren.

Sie werden sehen, was für einen Unterschied es macht, wenn Sie sich vor Ihren Faulpelz stellen und ihm sagen: »Lieber Faulpelz, vielen Dank, dass es dich gibt. Du lässt mich entspannen und sorgst dafür, dass ich nicht ausbrenne.

Und für die nächste Woche möchte ich, dass du am Rand der Bühne wartest, weil ich unbedingt ... erledigen muss. *Und* ich verspreche dir, dass ich mich dir nächstes Wochenende wieder ausführlich widmen werde.«

Haben Sie's gemerkt? Kein einziges »Aber«. Zugegeben, das klingt auf den ersten Blick etwas seltsam und ist für die meisten gewöhnungsbedürftig. Wir leben einfach in einem Land, in dem sich eine intensive »Aber«-Kultur entwickelt hat. Gemeinerweise handelt es sich dabei um ein Zauberwort: Alles, was davor gesagt wurde, wird umgehend aus der Erinnerung weggezaubert. Wenn ich im obigen Beispiel den zweiten Satz mit »Aber« begonnen hätte, dann wäre mein Faulpelz wieder ziemlich misstrauisch geworden. Zu Recht, denn er hätte wahrscheinlich nur gehört, dass irgendein anderer Anteil anscheinend wieder wichtiger ist. Was dann passiert, kennen Sie aus alten Mustern: Ihr Faulpelz macht es sich in jeder Arbeitspause auf Ihrem Nacken gemütlich, vom Feierabend gar nicht erst zu reden. Dafür erntet er dann auch noch Vorwürfe. Dabei will er doch nur Ihr Bestes.

Sie können den Aber-Effekt gerne überprüfen. Er funktioniert auch in sozialen Systemen. Sagen Sie einfach das nächste Mal:

- »Das Essen hat wirklich gut geschmeckt, aber ...«
- »Deine neue Frisur steht dir ausgezeichnet, aber ...«
- »Du bist so ein wichtiger Mensch in meinem Leben, aber ...«

Viel Spaß mit den Folgen!

Über-Forderung

Nachdem Sie sich nun die Risiken und Ressourcen Ihrer Anteile bewusst gemacht haben, stellen Sie möglicherweise fest, dass die Aufgaben, die ein Teil momentan ausübt, nicht unbedingt seine Ressourcen widerspiegeln.

Kurz gesagt: Das, was er macht, ist nicht das, was er am besten kann.

Es könnte sein, dass er in einer Art Urlaubsvertretung die Aufgaben eines anderen übernommen hat. Das kann durchaus gut klappen, aber wie das nun mal so ist: Ein vollwertiger Ersatz ist er wahrscheinlich nicht. Da bringt es auch gar nichts, wenn er es gut gemeint hat.

Die Faulpelze dieser Welt bekommen ganz häufig diese Arschkarte. Sie rackern sich ab, geben ihr letztes Hemd dafür, dass wir bloß nicht von der Couch aufstehen und uns möglicherweise überanstrengen. Und keiner versteht sie. Immer wird gemeckert und gemotzt. Dabei sind sie selbst kurz vorm Ausbrennen bei all der großartigen Faulheit, die sie uns mit viel Aufwand bescheren.

Die Welt ist undankbar!

Was können denn die Faulpelze dafür, dass sie neben ihrem eigentlichen Auftrag, uns zu entspannen, auch noch reihenweise Überstunden für die lieben Kollegen machen müssen? Beispielsweise sorgt die »Angst zu scheitern« nicht selten dafür, dass der Faulpelz ranmuss. Statt dass das Selbst den »Macher«, den »Anpacker« losschickt, um die dringende Aufgabe anzugehen, muss der arme Faulpelz klotzen – nur um zu verhindern, dass der Macher möglicherweise scheitert.

Solche Notlösungen haben ganz häufig die Ursache in einem angeschlagenen, erniedrigten Selbstwert oder einer körperlich-seelischen Erschöpfung. Dadurch kann dann das Selbst seine Aufgaben nicht mehr so ausüben, wie es eigentlich sollte. Es stellt nicht die Anteile in den Vordergrund, die es für die zu bewältigende Aufgabe eigentlich braucht, sondern sucht sich Ersatz aus den eigenen Reihen.

Auch das kann durchaus hoch funktional sein. Vor allem dann, wenn die Wahrscheinlichkeit des Scheiterns sehr groß ist oder das Scheitern/Bestehen eine große Bedeutung für die Person hat: Indem wir etwas gar nicht erst anpacken, verhindern wir, dass der Selbstwert bei einem Scheitern noch weiter verringert wird. Also schiebt das Selbst Anteile nach vorn, die dort eigentlich gar nicht sein wollen und sollen. Und weil diese sich Sorgen machen und es ja »gut meinen«, geben sie ihr Bestes. Dass das nicht zwingend das Beste für die zu bewältigende Aufgabe ist, spielt dann keine Rolle. Der Faulpelz kann ja nicht zaubern und auf einmal das »Machen« anfangen. Das ist nicht sein Kompetenzbereich. Sondern er macht das, was er am besten kann. Seine eigentliche Ressource können wir jedoch erst dann in vollem Umfang nutzen, wenn der Anteil wieder die Funktion bekommt, die ihm eigentlich zugedacht ist.

Eine Schwierigkeit kann insofern bestehen, dass wir selbst zu betriebsblind sind, um diese Überlastungen und falschen Aufgabenverteilungen zu erkennen. In solchen Fällen ist es durchaus hilfreich, wenn Sie eine externe Meinung einholen – beispielsweise von Ihrem Partner oder Ihrer Partnerin, guten Freunden oder eben auch einem qualifizierten Coach oder Psychotherapeuten. Der Blick von außen, den diese »Unbeteiligten« auf Ihr inneres System werfen, kann wertvolle Anregungen für Ihr inneres System geben und helfen, Überforderungen zu verhindern.

Entwicklung

Jetzt haben Sie alles Rüstzeug, damit Sie Ihre Persönlichkeit oder zumindest Teile davon bewusst und gezielt weiterentwickeln können.

Damit Sie fürs Erste den Überblick nicht verlieren, hier noch mal der Schnelldurchlauf:

- *Anteile* suchen und benennen. Am besten mit einprägsamen Namen, Bildern oder Metaphern versehen, damit sie besser in Erinnerung bleiben.
- Die *Risiken* verdeutlichen, die entstehen, wenn der einzelne Anteil zu wenig oder zu viel aktiv ist.
- Aus diesen Erkenntnissen die *Ressourcen* ableiten und festhalten. Ohne Wenn und Aber.
- Gegebenenfalls zwischen momentaner Funktion und eigentlicher *Funktionalität* des Anteils unterscheiden. Berücksichtigen Sie dabei mögliche *Überforderungen.*
- Für ausreichend *Selbstwert* sorgen, damit das Selbst in der Folge dieser Überlegungen seine Aufgaben entsprechend ausführen kann.

Nun haben Sie Ihre aktuelle Mannschaft aufgestellt. Fehlt allerdings noch, diese ins Spiel zu bringen. Damit Ihre Spieler nicht blind drauflosrennen, habe ich im Weiteren ein Trainingslager zusammengestellt.

Zunächst dürfen Sie sich jedoch zurücklehnen und einige beispielhafte Vertreter der illustren Persönlichkeitsgemeinde genauer kennenlernen.

6.

Dunkle Gesellen und Lichtgestalten?

Da es sich bei unseren Persönlichkeitsanteilen um ein unendliches Universum an Charakterzügen, Eigenheiten und Kompetenzen handelt, ist es unmöglich, eine erschöpfende Auswahl zu treffen. Viel wichtiger ist sowieso, welche Teile Sie bei sich selbst gefunden haben, zukünftig noch entdecken werden und auf welche Weise Sie diese beschreiben können.

Zum bildhaften Verständnis habe ich einige Beispiele für innere Anteile ausgesucht, die ich bei mir selbst, in der Arbeit mit Klienten und Seminarteilnehmern sowie in Studien kennen und schätzen gelernt habe. Die Auswahl dieser Anteile erfolgte rein willkürlich und ist keiner empirischen, wissenschaftlichen Grundlage zuzuordnen. Vielmehr sind dies Beispiele für Charaktere der inneren Systeme, die viele der Menschen, mit denen ich in den letzten Jahren mit meinem Modell gearbeitet habe, so oder zumindest in ähnlicher Form bei sich selbst kannten.[7]

---

[7] Um Sie bei Ihrer Motivsuche zu unterstützen, begleiten die wunderbaren Illustrationen von Florian Mitgutsch meine Ausführungen. Das bedeutet aber nicht, das die Anteile, wenn Sie sie auch bei sich selbst kennen, so aussehen müssen.

Ich gehe nicht davon aus, dass jeder Mensch diese Anteile als Mieter in seinem Persönlichkeitshaus hat. Erst recht nicht haben muss oder sollte. Aber falls ein solcher Anteil zu Ihren Mitbewohnern zählt, dann können Sie ganz sicher auch auf seine Ressourcen zählen.

Wie Sie feststellen werden, kommen dabei sowohl Anteile zu Wort, die in der Regel als angenehm und erstrebenswert eingeschätzt werden, als auch solche, die wir lieber im Keller unserer Persönlichkeit vergraben oder über die wir zumindest nur ungern öffentlich reden. Mal sehen, ob Sie dieses Urteil auch nach der Lektüre noch fällen.

Es könnte passieren, dass Ihnen ein Anteil bekannt vorkommt. Vielleicht von Beobachtungen Ihrer Lieben und nicht ganz so Lieben um Sie herum, möglicherweise auch aus Ihrer eigenen Persönlichkeit. Und selbstverständlich kann es sein, dass Sie sich bei dem einen oder anderen Anteil denken, dass hier die Fantasie mit mir durchgegangen ist. In jedem Fall sollten Sie Ihre eigenen Notizen ergänzen – schließlich kennen Sie Ihre eigenen Anteile besser als jeder andere.

Diese Aufzeichnungen werden Ihnen spätestens bei den weiteren Übungen von großer Hilfe sein.

Lassen Sie uns also einen Blick auf ein paar Bewohner des Hauses der Persönlichkeit werfen. Viel Spaß!

Faule Teile

Zum Einstieg fangen wir gleich mal mit Schwergewichten der internationalen Persönlichkeitsszene an. Wie bei den Anteilen üblich, so haben auch die Faulen Teile unterschiedliche Namen und Gesichter. Wir wollen uns der Einfachheit halber an dieser Stelle mit einer ganz klassischen Rollenbezeichnung zurechtfinden und nennen den Anteil »Faulpelz«.[8]

Der Faulpelz ist mein Paradebeispiel für die Wirkung der inneren Anteile. Sie konnten ihn schon an einigen Stellen der bisherigen Lektüre kennen lernen. Zeichnen wir an dieser Stelle noch mal ein zusammenfassendes Bild.

Da ich der felsenfesten Überzeugung bin, dass jeder Anteil eine Ressource darstellt, aber eben auch zur Schwäche, zum Risiko werden kann, wenn er zu viel oder zu wenig Beachtung findet, zäume ich das Pferd wieder von hinten auf: Ich fange mit den Risiken an.

---

[8] Ich habe mich entschieden, gängige Bezeichnungen für die ausgewählten Charaktere zu benutzen. Zumindest dort, wo mir welche eingefallen sind. So musste ich mich beim Schreiben nicht bei jedem Abschnitt in ein Begriffswirrwarr stürzen. Das bedeutet aber nicht, dass die Anteile, wenn Sie sie auch bei sich selbst kennen, so aussehen müssen. Für Ihre Persönlichkeitsentwicklung ist es viel wichtiger, wie Sie Ihre eigenen Anteile bezeichnen. Daher sollten Sie in sich hineinhören und herausfinden, wie die Ihren genannt werden wollen. Ob Sie dann letztendlich »Faulpelz«, »innerer Schweinehund«, »Couchmonster« oder wie auch immer zu Ihrem Faulen Teil sagen, ist Ihre Sache.

Beginnen wir mit dem *Risiko+:* Wenn der Faulpelz die Hauptrolle in einer Aufführung übernimmt, wenn sich alles um ihn dreht und alle anderen nur in der zweiten Reihe spielen, dann verschieben wir alles auf morgen. Die Hauptaufgabe unseres Verhaltens besteht dann darin, die Sitzkuhle auf der Couch ewigkeitstauglich zu machen und Anfragen von Freunden, Kollegen, Mitbewohnern oder Partnern großzügig unten auf die To-do-Liste zu setzen – die wir sodann umgehend unter den großen Haufen schmutziger Wäsche schieben, der sich in der Ecke stapelt. Der Faulpelz ist in diesem Zustand so erfolgreich, dass das aus ihm resultierende Verhalten sogar einen eigenen wissenschaftlichen Begriff verliehen bekommen hat: »Prokrastination«. Ich bevorzuge die umgänglichere Bezeichnung »Aufschieberitis«, denn genau das ist damit gemeint, dass man in diesem Zustand alles vertagt und verschiebt.

Wenn der Faulpelz also nicht nur mal eben, sondern für wirklich lange die Hauptrolle übernimmt, dann führt das dazu, dass irgendwann keiner unserer Freunde mehr anruft. Denn auf die Frage, ob wir am Wochenende etwas unternehmen wollen, kann irgendwann niemand mehr hören, dass uns das gerade zu viel ist und wir lieber ausschlafen und etwas abhängen wollen. Ganz zu schweigen von Arbeitsaufträgen des Chefs oder dem Projektbericht, der eigentlich bis nächste Woche fertig werden soll. Genau wie die Geschirrstapel im Spülbecken oder die Wollmäuse neben dem Bett türmen sich dann irgendwann Berge mit Unerledigtem. Das kann zur Folge haben, dass diese Berge so übermächtig erscheinen, dass an ein vorsichtigeres Herantasten gar nicht mehr zu denken ist. Wenn überhaupt, dann morgen, »und wenn net morgen, dann übermorgen, oder zumindest irgendwann« (»Erste Allgemeine Verunsicherung«: »Morgen«).

So sähe das Schreckensszenario allumfassender Faulheit aus. Die weiteren Folgen können Sie sich wahrscheinlich ausmalen. Gemeinerweise findet in einem solchen Zustand eines kaum mehr statt: Entspannung. Vielmehr ist eher von Lethargie zu sprechen, und es kann durchaus sein, dass man die Situation zwar schrecklich findet, aber zu erschöpft ist, um etwas daran zu ändern.

Fast schon wieder komisch, wenn es für den Betroffenen nicht so dramatisch wäre.

Lassen Sie uns ans andere Ende der Verhaltensskala schauen: *Risiko–*. Stellen Sie sich – ein weiteres Mal – ein Leben vor, in dem es keinen Faulpelz gäbe. Er hat sich verabschiedet, ist im Urlaub, auf Kur. Er ist einfach nicht (mehr) da. »Paradiesisch!«, denkt jetzt vermutlich der ein oder andere von Ihnen. Dann könnte man endlich all das erledigen, was man in den letzten Wochen, Monaten, Jahren nicht geschafft hat. Der Tag hätte auf einmal ein paar Stunden mehr, und »Effizienz« wäre Ihr neues Lieblingswort.

Aber auch hier müssen Sie jetzt in der Vorstellung noch einen Schritt weiter gehen. Denn so schöne Wörter wie »Müßiggang«, »Ausspannen« oder »Tagträumen« hätten auf einmal keine Bedeutung mehr. Die Couch würde das überflüssigste Möbelstück werden, und was man mit einer Hängematte macht, könnten Sie sich nicht mehr im Entferntesten vorstellen. Sie würden an keiner unerledigten Aufgabe mehr vorübereilen. Und wenn Ihr eigenes Haus dann blinkte und blitzte, würden Sie sich die nächste Baustelle vornehmen, denn zu tun gibt es ja reichlich auf dieser Welt.

Leider sind unsere Kraftreserven aber begrenzt. Irgendwann würden Sie an Ihre Grenzen kommen. Spätestens wenn Sie beschließen, dass drei Stunden Schlaf eigentlich auch schon zu viel sind, und ein Großteil dessen, was sich im Sitzen erledigen lässt, auch während des Lauftrainings zu bewerkstelligen wäre. Irgendwann würde Ihr Körper und ziemlich sicher auch Ihre Psyche nicht mehr mitmachen. »Burn-out« nennt man das heutzutage – »Erschöpfung« wäre ein nicht ganz so inflationär verwendeter Begriff.

Wenn es dann einmal so weit ist, dass einem die kleinsten Aufgaben zur Qual werden und man keinerlei Energie mehr für irgendetwas hat, dann dauert es meist ziemlich lange, bis man wieder einigermaßen leistungsfähig ist. Es ist nämlich so, dass der Faulpelz nicht plötzlich wieder zur Tür hereinspaziert und dafür sorgt, dass der Erschöpfte Kraft tankt und sich im richtigen Moment erholt.

Ganz so platt lässt er dann auch nicht mit sich umspringen. Es wird eine gehörige Weile dauern, bis er dem Betroffenen wieder vertraut und sich ins innere Team eingliedert.

Aber keine Sorge, es war ja nur eine Vision! Vielleicht keine so unrealistische, aber noch haben Sie es ja in der Hand, die *Ressourcen* Ihres Faulpelzes passend einzusetzen. Denn seine eigentliche Kernaufgabe ist es, dafür zu sorgen, dass wir uns entspannen. Dass wir die Belastungen aus unserem Alltag aushalten und Kraft tanken können. Das sieht dann bei

jedem etwas anders aus: Ob in der Hängematte mit einem guten Buch in der Hand, beim Schaumbad in der Badewanne oder vielleicht auch mal dem sinnfreien Glotzen im nachmittäglichen Fernsehprogramm.

Auf die Balance kommt es an.

Nicht zu viel und nicht zu wenig. Sodass wir erholt und entspannt, aber noch nicht lethargisch und geplättet wieder aufstehen können. Wenn Sie es schaffen, Ihren Faulpelz in diesem Sinne einzusetzen, dann können Sie seine Ressourcen ausschöpfen und danach wieder aus dem Vollen anpacken.

Sollten Sie also das nächste Mal eine stressige Woche vor sich haben, dann hadern Sie nicht mit Ihrem Faulpelz, der Ihnen leise ein paar Einwände ins Ohr flüstert. Vielmehr machen Sie sich bewusst, was dieser großartige Anteil alles für Sie macht. Anschließend können Sie beispielsweise – wie weiter oben schon einmal angedeutet – in folgenden Dialog mit ihm treten:

»Lieber Faulpelz, vielen Dank dass ich dich habe. Du sorgst dafür, dass ich mich entspannen und Kraft tanken kann. Dadurch kann ich die Anforderungen, die an mich gestellt werden, erfolgreicher meistern und bin zur richtigen Zeit ausgeglichen.

Und in der nächsten Woche habe ich sehr viel zu tun, deswegen möchte ich, dass du dich ab Montag früh an die Seite stellst und den anderen Anteilen den nötigen Platz zum Arbeiten lässt.

Ich verspreche dir, dass ich kommenden Sonntag wieder

intensiv auf deine Ratschläge hören werde, und freue mich jetzt schon auf die Zeit mit dir in der Hängematte.«

Mit dieser Haltung hat der Faulpelz keinen Grund mehr, sich Ihnen in den Weg zu stellen. Er weiß ja, welchen bedeutenden Platz er in Ihrem inneren System einnimmt, und auch, dass Sie sich ihm wieder zuwenden werden.

Wie bei Ihren Mitmenschen auch klappt das allerdings nur, wenn Sie es wirklich ehrlich und ernst meinen. Sollten Sie Ihrem Faulpelz etwas vormachen oder die Komplimente nur aussprechen, um »nett« zu sein, dann wird er den Teufel tun, auf Sie zu hören. Er würde Ihnen beständig in den Ohren liegen, dass Sie ihm doch unbedingt Folge leisten müssen.

Wenn es noch schlechter läuft, dann verabschiedet er sich wirklich, und Sie können sehen, was Sie davon haben.

Also machen Sie sich daran und verdeutlichen Sie sich die Ressourcen Ihres Faulpelzes. Freuen Sie sich, wenn er Sie besuchen kommt. Dann wird es ganz einfach, ihn zur richtigen Zeit zur Seite zu bitten.

Beleidigte Teile

»Dann spiel ich nicht mehr mit!«

Sätze wie diesen legen uns unsere Beleidigten Teile in den Mund. Je nach Situation führt das dann dazu, dass wir den anderen Anwesenden erklären, sie hätten keine Ahnung von dem, was sie tun, oder hielten sich zumindest nicht an die vereinbarten Regeln.

Insgeheim fänden wir es in diesem Moment vielleicht großartig, wenn sich einer der Beteiligten zu einem »Du hast ja recht – Entschuldigung« überwinden könnte. Aber das würden wir niemals zugeben, geschweige denn, darum bitten. Vielmehr fühlen wir uns durch ein »Jetzt sei doch nicht so« erst recht in unserer Empörung bestätigt. Dann drehen wir uns um und stapfen hocherhobenen Hauptes und mit dem sicheren Gefühl davon, im Recht zu sein: »Sollen die doch sehen, wo sie bleiben, ohne mich.«

Anfangs behandelt uns unser Umfeld vielleicht noch wie ein rohes Ei und nimmt über die Maßen Rücksicht auf unsere Empfindlichkeiten. Wenn unsere innere beleidigte Leberwurst des Öfteren die Hauptrolle in unserem Persönlichkeitsteam übernimmt, dann besteht das *Risiko+* allerdings darin, dass irgendwann keiner mehr mit uns spielen will.

Stellen Sie sich nur einmal vor, wie es wäre, wenn Sie sich bei jeder Kleinigkeit, die nicht so ganz in Ihre Vorstellung passt, sofort lautstark beschwerten. Die Prinzessin auf der Erbse würde verblassen neben dieser Meisterleistung und wäre doch wahrscheinlich irgendwann die Einzige, die Sie noch annähernd versteht. Nichts könnte man Ihnen recht machen, an allem gäbe es etwas rumzumäkeln.

An Ihrem Geburtstag würden Sie Ihrem Kind umgehend erklären, dass sein liebevoll gehäkelter Topflappen allenfalls nett gemeint sein kann, aber es sich offenbar nicht mal zu Ihrem Ehrentag ein bisschen Mühe geben würde. Gleiches gilt natürlich für die überzählige Rosine im Kuchen, an der Sie fast erstickt wären und die wahrscheinlich auch noch absichtlich hineingebacken wurde. Überhaupt verstünde keiner, was Sie wirklich wollen, und am besten wäre es, wenn Sie den nächsten Geburtstag alleine feierten. Wenn sich Ihre beleidigte Leberwurst dann noch mit dem Aggressiven Anteil zusammentäte, könnten die Folgen wirklich fatal sein. An so einem Tag bliebe nur noch, Ihnen viel Erfolg beim Scherbenzusammenkehren zu wünschen. Über die nächste Geburtstagsparty müssten Sie sich dann allerdings keine Sorgen mehr machen – zu der käme wohl niemand mehr.

Wie sieht es am anderen Ende der Skala aus? In einer Welt, in der Sie nie beleidigt wären. »Niemals nicht!« Egal, wie sehr man Sie verarscht, es würde Ihnen nichts ausmachen. Wenn Ihre Bankberater Sie abzocken, der Kellner statt Champagner nur Billigwein aus dem Karton in das feine Kristall schütten oder der Bauunternehmer Hohlräume statt Dämmung in das neue Eigenheim einbauen würde. Das würde Sie alles nicht weiter kümmern. Sie würden sich nicht beschweren, nicht reklamieren, nicht das Ihnen Zustehende einfordern. Mit anderen Worten: Beim *Risiko*– würden Sie allen Gefahren besonders weit die Tür öffnen, die entstehen, wenn andere zu sehr auf ihren eigenen Vorteil aus sind.

Wahrscheinlich ist es nicht die feinste Art, Bedrohungen auf die beleidigte Art und Weise zu begegnen. Vielmehr würde sich manch einer genau in solchen Situationen Sanftmut und Gelassenheit wünschen. Es ist aber nicht jedem gegeben, in bedrängenden, unbefriedigenden Situationen Großmut walten zu lassen und ganz sachlich die Ansprüche der verschiedenen Beteiligten auszudiskutieren. Daher sollten alle, die nicht über diese Streitgesprächskompetenzen verfügen, etwas dankbarer sein, dass ihr Beleidigter Teil so emotional in die Bresche springt.

Beleidigt zu sein ist also höchst funktional. Es beschützt uns vor Gefahren oder Bedrohungen, die unsere eigenen Ziele beeinträchtigen könnten. Insbesondere dann, wenn andere Menschen versuchen, uns diese Ziele zu verwehren. Es macht uns selbst und vor allem auch das Gegenüber darauf aufmerksam, dass gerade ein einseitiger Vorteil entsteht – zu unseren Lasten.

Problematisch ist leider nur, dass wir uns in solchen Situationen ab und an dermaßen in unser Beleidigte-Leberwurst-Verhalten hineinsteigern, dass wir den Hinweis nicht mehr sehen können und die *Ressource,* die uns der Beleidigte Anteil ermöglicht, ignorieren. Nicht selten geht es dann eigentlich um etwas ganz anderes: eine persönliche Schwäche, die erst in der Situation auftaucht, oder einen Fehler, den wir in der Vergangenheit gemacht haben und dessen Folgen nun deutlich werden. Auf diese Mängelzustände aufmerksam gemacht zu werden ist eine wichtige Ressource der beleidigten Leberwurst. Schließlich können wir dann etwas verändern und uns entwickeln. Wenn wir aber blindwütig vor uns hin granteln, dann sehen wir diese Möglichkeiten wahrscheinlich eher nicht.

In solch einem Fall sollten Sie also am besten etwas warten, Ihr Gemüt abkühlen lassen und erst nach ausreichend Durchschnaufen Ihrem Beleidigten Anteil den ihm zustehenden Dank aussprechen. Das könnte dann in etwa so aussehen:

»Liebe Leberwurst, vielen Dank, dass du mich und die anderen auf Missstände aufmerksam machst und mich dadurch vor Ausbeutung beschützt.

Und für den nächsten ›Mensch-ärgere-dich-nicht‹-Abend

möchte ich, dass du dir eine Auszeit nimmst, weil ich mir sicher bin, dass die anderen Mitspieler das freuen wird. Ich verspreche dir, ich werde dich wieder mit ins Team holen, wenn ich das nächste Verhandlungsgespräch führe, denn nur mit dir bin ich mir sicher, dass ich nicht übers Ohr gehauen werde.«

Ein solches Zwiegespräch wird Sie zwar wahrscheinlich nicht davor bewahren, dass Sie irgendwann wieder mit dem Fuß aufstampfen und die Spielfiguren vom Tisch fegen. Wenn Sie aber um die Ressourcen Ihres Beleidigten Anteils wissen, dann können Sie diese in Zukunft gezielter und bewusster einsetzen, dadurch Ihr Verhaltensrepertoire erweitern und einen wichtigen Teil Ihrer Persönlichkeit entwickeln.

Pflichtbewusste Teile

Endlich mal Anteile, die auf den ersten Blick unglaublich positiv rüberkommen. Solche, die in jeder Stellenanzeige als bedeutsame Voraussetzung für den Traumjob stehen und mit denen wir alle in eine produktive und deswegen erfüllte Zukunft gehen könnten. Also nicht solche Nerverl, die evolutionär an uns haften geblieben sind, zwar für irgendwas gut zu sein scheinen, im täglichen Hin und Her aber doch eher ein Klotz am Bein sind.

Da sind diese Pflichtbewussten Anteile, die folgsam und mit großer Leistungsbereitschaft voranschreiten, schon was anderes. Diese Anteile kennen keine Probleme, sondern nur

Herausforderungen und geben stets ihr Bestes für uns. Diejenigen Leserinnen und Leser unter Ihnen, die ihren Pflichtbewussten Teil häufig im Vordergrund des Geschehens der inneren Bühne platzieren, erhalten wahrscheinlich auch häufig positives Feedback für ihr gewissenhaftes Engagement. Und den ein oder anderen neiderfüllten Blick der eher nachlässigeren Kollegen.

Es liegt also auf der Hand, bei diesen Anteilen mit dem *Risiko–* zu beginnen. Ob das jetzt eher einem Ihrer Schreckensszenarien oder Ihrer täglichen Realität entspricht, überlasse ich Ihrer Einschätzung.

Risiko– bedeutet in diesem Fall, dass Ihnen alle anstehenden Aufgaben gehörig sonst wo vorbeigehen würden. Nur weil irgendjemand von Ihnen verlangt, endlich Ihren Verpflichtungen nachzukommen, hieße das noch lange nicht, dass Sie das auch tun. Überhaupt fänden Sie das ziemlich ungehörig, ja fast schon übergriffig, wenn Ihr Chef, Ihre Frau, Ihre Kinder oder »die Gesellschaft« sich in Ihre Angelegenheiten einmischen würden. Ganz zu schweigen vom eigenen Pflichtbewusstsein – obwohl, das wäre dann ja gerade auf Kur und würde Ihnen nicht auch noch dazwischenmaulen.

Zeitpläne hätten in dieser Welt keinerlei Bedeutung oder wären zumindest vage und böten einigen Spielraum. Stellen Sie sich die Folgen vor, wenn jeder Tag mit dieser Einstellung beginnen würde. Sie würden nur die Dinge erledigen, auf die Sie gerade Lust hätten. Egal, wie sehr sich andere auf Ihre Mitarbeit verlassen. Wenn Sie gerade nicht wollten, dann müsste das halt warten.

Zugegeben, das klingt zunächst nach einem recht verlockenden Paradies, in dem wir nur machen könnten, wonach uns gerade ist. Kein mühseliges »Ich muss noch«, sondern »Ich will«.

Eine selbstbestimmte und für jeden Einzelnen erfüllende Ära würde anbrechen, in der wir die eigenen Bedürfnisse endlich mal allem anderen voranstellen. Schließlich haben wir ja nur ein Leben, das sollten wir dann auch genießen. Eine lebendige Vision für alle, die »antiautoritäre Erziehung« im Sinne von »Mach, was du willst« verstanden haben. Sie hat nur eben ein paar Lücken, diese Träumerei – zwei davon möchte ich vorstellen.

Erstens ist das Problem an der Geschichte, dass sie voraussetzt, wir wüssten immer, was wir gerade machen wollen. Es gäbe ja keine Instanz, die uns Entscheidungen abnähme. Dieser Aspekt mag insofern wünschenswert klingen, als dass es eine Bereicherung wäre, wenn wir immer genau vor Augen hätten, was die nächsten Schritte sind. Mal wieder Hand aufs Herz: Illusion, oder?

Außerdem sind diese Phasen des Zweifelns, in denen wir uns nicht entscheiden können, auch ziemlich bedeutsam – schließlich gibt es immer mehr als eine Lösung. Gerade die Vielfalt der Möglichkeiten, Wünsche und Ideen ist es ja, die unsere Welt und unsere Persönlichkeit so spannend, so lebendig macht.

Zweitens sind wir ja nun mal nicht allein auf dieser Welt. Um uns – die wir nicht immer genau wissen, wo wir hinwollen – herum sind auch noch jede Menge anderer Menschen. Und denen geht es nicht selten genauso. Damit insgesamt alles ganz gut klappt, nehmen wir die Unterstützung der anderen zu Hilfe. Und umgekehrt.

Auf den Punkt gebracht: Wir verlassen uns gegenseitig aufeinander. Und da gehört es eben dazu, dass man die Aufgaben, die einem übertragen worden sind, auch erledigt. Vom Müllrunterbringen bis hin zur Steuererklärung – jeder hat so seine lästigen Verpflichtungen.

Sie sehen: So ganz ohne den Pflichtbewussten Anteil stünden wir über kurz oder lang ziemlich allein da.

So schön es mal ist, alles um sich herum hintanzustellen, den lieben Gott genauso wie den Chef oder Kunden einen guten Mann oder eine gute Frau sein zu lassen und vor allem sich selbst wichtig zu nehmen. Wenn der Pflichtbewusste Anteil zu lange auf die Ersatzbank verbannt ist, dann wird's eher schwerer als leichter.

Bevor Sie jetzt den Eindruck erhalten, dies sei ein wiederholtes »Lob der Disziplin«, sollten wir uns tunlichst dem *Risiko*+ zuwenden. Schließlich hat auch dieser Protagonist des inneren Theaters nicht nur am einen Ende der Skala seine Schattenseiten.

Stellen Sie sich jetzt eine Zeit vor, in der Ihr Pflichtbewusster Anteil bei allen Entscheidungen die Hauptrolle spielt. Egal, was Sie gerade lieber machen würden, die Pflicht ruft. Schließlich gehen in diesem Szenario die Erwartungen vor, die an Sie gestellt werden. Also nichts wie ab in den Keller und die lange versprochene Aufräumaktion starten. Allerdings sollten Sie sich nicht zu viel Zeit lassen, das Auto wartet darauf, endlich mal wieder richtig geputzt zu werden – das hatten Sie ja schon vor Monaten versprochen.

Währenddessen könnten Sie sich dann schon einen Zeitplan überlegen, in dem Sie sich die Haushaltsplanung für nächstes Jahr vornehmen, sich die Archivierung der Fotos vorknöpfen und das Protokoll des letzten Meetings sollte auch am besten heute noch geschrieben und verschickt werden. Falls Sie dann am Abend, so gegen halb zwölf, noch Luft haben: Der Weltfrieden wartet immer und würde momentan ziemlich zentral in Ihren Händen liegen.

In dieser Phase sorgt der Pflichtbewusste Anteil also dafür, dass Sie Ihren Anforderungen mehr als gerecht werden. Immer wird alles erledigt, was Sie tun müssen. Das würde zwar mitunter ein enormes inneres Qualitätsmanagement schaffen, aber das einzige Gütekriterium wäre irgendwann nur noch das »Müssen«. Für ein »Wollen« wäre kein Platz.

Dabei ist genau dieses so bedeutsam für unsere Entwicklung – und damit für neue Pflichten. Denn nur wenn der gleichberechtigte Wechsel zwischen Wollen und Müssen gelingt, können wir Pflicht und Wachstum gleichermaßen gestalten.

Bevor Ihnen jetzt aber schwindlig wird im Karussell zwischen zu wenig und zu viel Pflichterfüllung, lassen Sie mich die Wogen etwas glätten und die *Ressourcen* Ihres Pflichtbewussten Anteils zusammenfassen.

Dies ist der Anteil, der dafür sorgt, dass Sie die an Sie gestellten Anforderungen und Erwartungen auch erfüllen – man könnte also auch »Gewissenhaftigkeit«, »Verantwortungsbewusstsein« oder »Rechtschaffenheit« zu dieser Tugend sagen. Dadurch können Sie sich in die Gemeinschaft um Sie herum einbringen.

Nicht zuletzt gehören auch Ihre eigenen Erwartungen, die Sie an sich selbst stellen, zu den Aufgaben, die Ihr Pflichtbewusster

Anteil im Auge haben sollte. Das bedeutet, dass er auch die Erwartungen der anderen Anteile – vom Faulen über den Helfenden bis hin zum Sinnlichen Anteil – berücksichtigen und dafür sorgen muss, dass diese erfüllt werden.

Wenn er diese Balance schafft, dann können Sie umso mehr aus dem Vollen schöpfen.

Aggressive Teile

Muskelbepackt, mit Stiernacken und grimmigem Gesicht – so kommen die Aggressiven Anteile daher. Nach dem Motto »Erst zuschlagen, dann reden« ist ihnen nicht unbedingt an Diplomatie gelegen. Hauptsache, die Interessen des eigenen Teams werden durchgesetzt.

Da muss ein Außenstehender schon verstehen, dass es eben auch mal Verletzte gibt, denn wo gehobelt wird, da fallen Späne. Zahlreiche Vorbilder, die auf den Schlachtfeldern ihrer Vorfahren aktiv waren, dienen als Vorlage für die bevorzugten Eigenschaften: von Achilles über Dschingis Khan bis hin zu Muhammad Ali – ohne Rücksicht auf Verluste zum (mitunter beachtlichen) Erfolg.

Auch wenn solche inneren Muskelmänner und -frauen in unserer aufgeklärten und zum Glück in den letzten Jahrzehnten auch einigermaßen friedlichen Gesellschaft nicht unbedingt ein hohes Ansehen haben, so stellen sie doch eine enorm wichtige *Ressource* für die Persönlichkeit dar.

Fangen wir wieder mit dem Risiko– an.

Stellen Sie sich vor, Ihr persönlicher innerer Bodyguard hätte Sie verlassen und würde irgendwo in einem abgelegenen Fitnessstudio seinen Bizeps trainieren. Das würde dazu führen, dass Sie keinem, der gegen Ihre Interessen handeln würde, etwas entgegensetzen könnten.

Beim morgendlichen mühsamen Hineinquetschen in die U-Bahn würden Sie sich fast schon häuslich am Bahnsteig einrichten – und darauf warten, dass endlich ein Zug kommt, der halbleer ist und bei dem Sie nicht allen anderen Fahrgästen so lange demutsvoll den Vortritt lassen müssen, bis sich die Türen vor Ihnen schließen. Analoges gilt für die Autofahrer beim Spurwechsel auf die Ausfahrt oder für Radfahrer beim Überholen des langsamen Sonntagsradlers. Das Zurückstecken würde sich dann bei der Vergabe der Aufgaben im nächsten Projekt, bei der Schlange in der Kantine und natürlich auch im nächsten Urlaub beim Kampf um das letzte Stückchen Strand fortsetzen. Jederzeit würden Sie Ihre eigenen Bedürfnisse und Ziele denen der anderen unterordnen.

Friedliebend orientierte Leser könnten an dieser Stelle dagegenhalten, dass in einer am Gemeinsinn orientierten Welt, in der jeder auf den anderen Rücksicht nimmt, die Aggressiven Anteile überflüssig wären. Demzufolge könnte man das *Risiko*—Szenario als Vorbild für eine altruistische Welt einsetzen und zum Ideal erklären.

Ich muss zugeben, dass ich auf den ersten Blick nicht abgeneigt war, solchen Vorschlägen zu folgen. Allerdings gibt es mindestens zwei Argumente, die dagegen sprechen:

- Das erste ist meiner Einschätzung nach eher schwach, auch wenn es von zahlreichen Psychologen, Historikern oder Völkerkundlern unterstützt wird: Der Mensch sei unter anderem deswegen aggressiv veranlagt, damit er sein Überleben im Kampf um knappe Ressourcen sicherstellen kann. Aus meiner persönlichen wie auch meiner beruflichen Erfahrung heraus kann ich mich dem anschließen. Jedoch ist ein »Wir sind halt so« für mich eher ein untergeordnetes Argument.
- Viel bedeutsamer wird es mit meinem zweiten Einwand. Ohne den Einfluss unserer Aggressiven Anteile würden wir nicht für die Dinge eintreten, die uns wichtig sind. Das gilt auch für Ziele wie beispielsweise eine gerechtere Welt oder ein Leben ohne Waffen. Durch den Einfluss dieses Anteils können wir uns behaupten. Das gilt für den Beginn krie-

gerischer Auseinandersetzungen, aber eben auch für das Beenden solcher Kämpfe.

An dieser Stelle wird deutlich, dass körperliche oder verbale Gewalt, Durchsetzungskraft und Überzeugungstalent sehr ähnliche Wurzeln haben. Sie sind lediglich die Folge von unterschiedlich starken Ausprägungen oder entwertenden Übertreibungen desselben Persönlichkeitsanteils, den ich hier als Aggressiven Anteil bezeichne.[9]

Problematisch wird es allerdings nicht nur, wenn wir unsere aggressive Ressource zu wenig nutzen, sondern auch, wenn sie über die Stränge schlägt.

Daher betrachten wir nun das *Risiko+*.

Es gibt solche Tage, an denen wir auf jede noch so kleine Äußerung unseres Gegenübers motzig oder abwertend reagieren. Beginnend beim Partner während des Frühstücksgesprächs über den Sitznachbarn im Bus bis hin zur Kollegin im Nachbarzimmer: Jeder steht uns im Weg oder nervt sonst wie, und diesen Umstand versuchen wir umgehend durch entsprechende Wortwahl oder durch intensiven Ellenbogen-

---

[9]   Ihnen dürfte ja inzwischen aufgefallen sein, dass ich einen Hang für die dunklen Seiten unserer Persönlichkeit habe. Das kommt in diesem Kapitel auch dadurch zur Geltung, dass ich zur Bezeichnung der ausgewählten Anteile teils Begriffe verwende, die eher in die gesellschaftliche Tabuecke gestellt werden, wie etwa Faulheit, Beleidigtsein, Aggression oder Eitelkeit. Lassen Sie sich bitte davon nicht abschrecken. Ich fand solche Antihelden einfach schon immer spannender als die strahlenden Ritter. Sonst hätte ich sie wahrscheinlich »Entspannung«, »Profilbildung«, »Durchsetzungskraft« und »Selbstbestätigung« genannt.

einsatz zu verändern. Solche Verhaltensweisen führen zwar wahrscheinlich dazu, dass wir vorbei- beziehungsweise in Ruhe gelassen werden. Das sind dann aber auch solche Tage, an denen sich unsere Umwelt nicht sonderlich erfreut von uns und unserer Anwesenheit zeigt.

Sollte sich das Ganze länger hinziehen – eine Woche oder vielleicht sogar einen Monat –, dürfte sich irgendwann keiner mehr trauen, sich uns in den Weg zu stellen. Auf der anderen Seite würde das über kurz oder lang aber auch zu ziemlich einsamen Frühstücksmonologen oder Abmahnungen durch die Vorgesetzten führen. Von den Folgen der Ellenbogentacklings gar nicht zu reden, vor allem wenn irgendwann ein anderer größer und stärker ist.

Es muss nicht unbedingt ein längerer Zeitraum sein, in dem ein übermütiger Aggressiver Teil zu nachhaltigen Folgeschäden führen kann. Es kann ein einzelner Moment ausreichen, in dem wir dermaßen über die Stränge schlagen, dass unser Gegenüber verletzt wird. Ob diese Verletzung jetzt eher auf der seelischen oder auf der körperlichen Ebene stattfindet, ist für die Betrachtung solcher Momente zunächst nicht entscheidend. Im ersten Fall hat unser Schlägertyp seinen Fundus an Beleidigungen, im zweiten seine Fäuste sprechen lassen.

Sie sehen, die Aggressiven Teile können äußerst belastend werden, wenn sie zu stark im Vordergrund stehen oder wenn sie zu sehr ins Abseits befördert wurden. Ihre *Ressource* können unsere Anteile immer nur dann ausspielen, wenn sie situationsgerecht und im richtigen Maß eingesetzt werden. Um ein Beispiel meines fußballbegeisterten Vaters aufzugrei-

fen, das bei der Diskussion rund um dieses Buch entstand:
Ein Spieler, dessen Aggressiver Anteil auf der Ersatzbank
sitzt, wird neunzig Minuten lang dem Ball immer nur hin-
terherlaufen – ein Spieler, der ausschließlich diesen Anteil
auslebt, dürfte nach kürzester Zeit eine rote Karte kassieren.

Aggressive Teile sind also äußerst funktional. Sie sorgen dafür,
dass wir unsere eigenen Interessen nicht unterordnen und für
unsere Ziele und Vorstellungen einstehen. »Durchsetzungskraft«, »Beharrlichkeit« oder »Willensstärke« sind Bezeichnungen für Tugenden, die ohne unsere Aggressiven Anteile
nicht existieren können.

Diese Fähigkeiten sind gerade für das Zusammenleben
mit anderen Menschen um uns herum bedeutsam. Vielleicht
hatten Sie in Ihrer Beziehung oder im Freundeskreis schon

das ein oder andere Mal die Situation, dass eine Entscheidung getroffen werden musste – egal, ob es sich dabei um die Wahl des Restaurants für das romantische Dinner, des Films für den nächsten Kinoabend oder das Reiseziel für den nächsten Urlaub handelte. Und bei der entscheidenden Frage »Was machen wir jetzt?« kam von allen Beteiligten (Sie inklusive?!) nur ein zögerndes »Ich weiß nicht, sag du«.

Anstrengend, oder? Vor allem wenn dieses »rücksichtsvolle« Überlassen der Entscheidung öfter im Kreis herumgeht. Irgendwann sind dann alle genervt. Es weiß zwar immer noch keiner, was er will, aber auf die Art und Weise geht's auch nicht weiter. Dann sollte man sich lieber gar nicht erst außer Haus begeben, weil das ja doch nur schade um Zeit und Geld ist …

Was passiert in solchen Situationen?

Eine Möglichkeit ist die, dass vor lauter »Rücksicht«, die Pläne des anderen nicht zerstören zu wollen, die eigene Meinung lieber nicht geäußert wird. Dabei wäre es an dieser Stelle viel hilfreicher, wenn jeder in der Runde frei ausspricht, was er oder sie gern unternehmen möchte, um dann gemeinsam abzustimmen. Der Aggressive Teil würde hier insofern unterstützen, dass er dafür sorgen kann, die eigenen Interessen zu äußern und in der anschließenden Diskussion auch durchzusetzen.

Dass wiederum ein zu wildes Berserkern im Auftrag der eigenen Sache dazu führen kann, dass man nach diesem Meinungsbildungsprozess getrennte Wege geht, steht dann auf einem anderen Blatt.

Wenn Sie also das nächste Mal Entscheidungen treffen, Ideen einbringen oder Pläne schmieden, dann holen Sie sich getrost Ihren Aggressiven Anteil mit ins Team. Er wird sich stark für Sie einsetzen.

Und sollte er danach noch nicht ausgelastet sein, widmen Sie sich lieber mal wieder Ihrem Boxsack. Tut gut, tut keinem weh und dient vor allem dazu, Unausgeglichenheiten in Ihrem Persönlichkeitsteam oder einen angeknacksten Selbstwert – also Dinge, mit denen der Aggressive Anteil eigentlich gar nichts zu tun hat – zu bereinigen.

Helfende Teile

Mit diesen friedensnobelpreisverdächtigen Anteilen verhält es sich genau umgekehrt. Sie sind in unserer Gesellschaft äußerst positiv besetzt, und die Vorstellung, dass sich hinter ihnen auch Risiken für die Persönlichkeit verbergen könnten, entlockt den meisten Mitmenschen wahrscheinlich ein verständnisloses Kopfschütteln.

Schon im Kindergarten werden wir darauf aufmerksam gemacht, wie wichtig es ist, anderen beizustehen in ihrer Not. Ich kann mich noch gut daran erinnern, welchen Eindruck der gütige St. Martin auf seinem riesigen Pferd auf mich gemacht hat, als wir jedes Jahr mit unseren Laternen in der Prozession zum Festtag diesem selbstlosen Heiligen hinterhermarschiert sind. Als er dann herabstieg, seinen leuchtend roten Mantel mit seinem blitzenden Schwert entzweischnitt und ihn dem armen, zerlumpten Bettler um die Schultern legte, hielten wir Rotznasen allesamt den Atem an. Beeindruckend!

Für uns Menschen ist es zudem äußerst funktional, wenn wir anderen helfen. Nicht nur, dass uns das ein gutes Gewissen verschafft und die Weihnachtsgans viel besser zu genießen ist, wenn wir zuvor unseren Beitrag für Brot für die Welt oder die Caritas geleistet haben. Hilfe ist auch absolut zu empfehlen, denn anscheinend gibt es eine kulturunabhängige Norm bezüglich Hilfeverhalten. »Reziproker Altruismus« wird diese Erwartungshaltung in der Sozialpsychologie bezeichnet, und damit ist gemeint:

- »Hilf demjenigen, der dir geholfen hat.«
- »Verletz denjenigen nicht, der dir geholfen hat.«

Indem wir anderen helfen, erhöhen wir also die Chance, selbst Hilfe zu erhalten beziehungsweise nicht verletzt zu werden. Die *Ressource,* die uns unser innerer Samariter ermöglicht, liegt daher ziemlich klar auf der Hand.

Wie ist es jetzt aber um die intensiven Ausprägungen und möglichen Risiken für unsere Persönlichkeit bestellt? Gibt es hier überhaupt ein Risiko – oder ist »zu viel« helfen gar nicht möglich?

Auf den ersten Blick ist es nicht so einfach, die Risiken dieses allseits geschätzten Anteils zu erkunden. Fangen wir daher mit dem *Risiko–* an.

Dafür erinnern Sie sich am besten an das letzte Mal, als Ihnen alle um Sie herum gestohlen bleiben konnten. Wo Sie von niemandes Problemen hören, geschweige denn etwas gegen diese unternehmen wollten. Den Moment also, als Ihnen alle anderen gehörig den Buckel runterrutschen konnten. Schließlich hätten Sie selbst genug Probleme, und da können die anderen ja durchaus mal ein bisschen warten. Überhaupt sollte sich die Welt nicht immer um die anderen drehen, sondern bitte auch mal ab und an um Sie selbst.

Sollten Sie solche Zeiten in Ihrem Leben wirklich noch nicht erlebt haben, dann bemühen Sie bitte all Ihre Fantasie, um sich in einen solch egoistischen Zustand hineinzuversetzen. Und jetzt dehnen Sie die Zeitspanne rund um dieses »Ihr-seid-mir-gerade-alle-herzlich-egal«-Gefühl aus. In dieser Phase wäre Ihr Samariter nicht nur kurz abgelenkt, sondern auf einem zeitintensiven Workshop mit dem Titel: »Jetzt geht's mal um mich!«. Die Belange der anderen würden Sie nicht nur nicht interessieren, Sie würden diese nicht mal mitbekommen. Von wegen Pausenbrot für die Kinder schmieren, Blumen gießen bei den Nachbarn oder den Kollegen auf den fatalen Fehler in der Kalkulation aufmerksam machen …

Sollte dann jemand daherkommen und sich beschweren, dass Sie überhaupt keine Unterstützung seien oder Ihre Pflichten für die Solidargemeinschaft vernachlässigten, würden Sie nicht einmal annähernd nachvollziehen können, worum es geht. Schließlich stünden ja noch ihr Wellness-Fußbad und das leckere Stückchen Sahnetorte auf der aktuellen Agenda.

Die Folgen können Sie sich statt in bunten Farben eher in Grautönen ausmalen: Ihre Kinder würden sich über kurz oder lang selbst zur Adoption freigeben. Die Nachbarn würden einen möglichen Einbrecher freundlich auf das gekippte Fenster bei Ihnen im Badezimmer aufmerksam machen. Und in der Arbeit würden Sie, wenn überhaupt, als Letzter von den neuen Produktspezifikationen erfahren.

Eine recht einsame Welt.

Zugegeben – ab und an ist diese Vorstellung gar nicht unangenehm. »Also irgendwie wäre das ja auch mal ganz schön. Verdient hätte ich es ja, bei der ganzen Bucklerei für die anderen«, sind Gedanken, die dann recht einladend wirken.

Egal ob Sie gerade auf den Geschmack gekommen sind oder nicht: Gehen Sie jetzt noch einen Schritt weiter. Versetzen Sie sich dazu in eine Welt, in der Ihr selbstsüchtiges Verhalten Schule gemacht hätte. Falls Sie dann selbst mal wirklich auf Hilfe angewiesen wären, hätten Sie schlechte Karten:

Wenn Sie den ADAC wegen einer Panne rufen wollten, wären Sie gut beraten, Ihr altes »Selbst-machen«-Buch im Handschuhfach mitzuführen. Der »Gelbe Engel« wäre nämlich noch ziemlich lange am Badesee mit Abkühlen beschäftigt.

Ganz zu schweigen von den fiesen Zahnschmerzen, die dann eben so lange warten müssten, bis Sie die Variante mit dem Bindfaden an der Türklinke doch ausprobieren. Denn der Notdienst wäre in solch einer Welt abgeschafft. Dafür könnte Ihr Zahnarzt endlich sein Handicap beim Golf verbessern.

Für das *Risiko+* am anderen Ende der Skala machen Sie sich für einen Augenblick zum »Über-drüber-Gutmenschen«.

Altruismus wäre nicht nur ein hehres Ziel, sondern eine Selbstverständlichkeit. Egal welche Notlage, welches Problem oder welches Bedürfnis des Gegenübers – Sie wären vor Ort und würden unterstützen. Selbstlos und ohne persönlich einen Nutzen daraus zu ziehen.

In dieser Welt wäre »Helfen« das einzige Motiv Ihres Handelns. Ihr Helfender Anteil würde mit dem Selbst nicht nur Hand in Hand gehen, sondern die Belange aller anderen Anteile sorgsam von ihm abschirmen. Schließlich hätte er immer ein ziemlich gutes Argument, dass eine Welt, in der wir einander beistehen, eine bessere Welt wäre und daher Ihre persönlichen Belange warten müssten.

Gut, das mit dem Beruf müssten Sie in diesem Falle natürlich ebenfalls hintanstellen – schließlich hätten Sie Wichtigeres zu tun, als tumbe Zahlenkolonnen in den Computer zu tippen. Und Ihre Kinder müssten verstehen, dass es Menschen gibt, die kaum etwas haben. Daher müssten sie die nächsten Geburtstagsgeschenke mit den Kindern aus dem Waisenhaus teilen. Getreu dem großen Vorbild würden Sie nicht nur Ihren Mantel, sondern Ihren ganzen Kleiderschrank halbieren, ebenso wie Ihr Auto, Ihr Haus und Ihren Bausparvertrag.

Ich muss gestehen, dass eine Welt, in der solche Werte gelebt würden, auf den ersten Blick ziemlich erstrebenswert klingen kann.

Wenn denn alle mitmachen.

Und davon bin ich leider nicht überzeugt. Denn wir Menschen sind nicht unbedingt die gerechtesten Wesen. Wir bevorzugen dann doch immer mal den ein oder anderen – sei es, weil er oder sie mit uns verwandt ist oder attraktiver oder netter oder alles zusammen.

Das ist aber gar nicht der entscheidende Punkt, warum ich hier von Risiko spreche. In der gerade beschriebenen Version versteckt sich ein elementarer Fehler. Die wichtigste Person für Ihr Hilfeverhalten wurde vergessen: Sie selbst. Nur wenn Sie selbst auch für Ihre eigene Situation ausreichend Hilfe leisten, können Sie andere unterstützen. Wenn Sie selbst nicht ab und an etwas essen, sich wärmend kleiden oder eine Pause machen, dann ist es schnell so weit, dass Sie gar keine

Hilfe mehr leisten können. Und davon hat dann wirklich keiner etwas. Schließlich behielt der heilige Martin auch einen halben Mantel für sich – und ein ganzes Pferd.

Es stellt sich also meiner Einschätzung nach gar nicht die Frage, ob Hilfeverhalten nur gut ist, wenn es selbstlos geschieht. Es ist nicht nur vollkommen in Ordnung, wenn sich jemand durch Hilfe ein gutes Gewissen oder auch den ein oder anderen Vorteil verschafft. Hilfe kann durchaus auch aus egoistischen Motiven heraus geschehen und ist deswegen nicht zwingend weniger wert. Vielmehr ist es eine zutiefst menschliche Eigenschaft, dass wir durch Hilfeleistung eben auch Erfüllung erhalten – für uns selbst.

Dabei ist es zum Glück für jeden ein bisschen anders, was er oder sie als »Belohnung« für sein Tun empfindet – manchen reicht sogar die Aussicht auf Belohnung in einer anderen Welt.

Wenn Sie also Ihr Helfender Teil das nächste Mal zu einem schlechten Gewissen verleitet, weil Sie trotz der Berichte über die hungernden Kinder in Äthiopien einen Sonntagsbraten in den Ofen geschoben haben, dann besprechen Sie mit ihm nicht nur Strategien, was Sie gegen diesen Missstand unternehmen können, sondern auch Ihre eigenen Bedürfnisse. Guten Appetit.

Eitle Teile

Warum habe ich dieses Buch geschrieben?

Dafür gibt es eine Menge guter Gründe. Zum einen bereitet mir das Schreiben Freude. Ich empfinde es als äußerst erfüllende Aufgabe, Seiten zu füllen und meine Gedanken zu Papier zu bringen. Es werden also mein Tüftler und mein Genießer angesprochen und deren Bedürfnisse befriedigt, wie Sie bei der nächsten und übernächsten Teilebeschreibung sehen werden. Zum anderen ermögliche ich mir damit ein ganz praktisches Ziel: Je mehr Menschen von meiner Arbeit erfahren, desto mehr werden sie diese eventuell auch in Anspruch nehmen. Darüber hinaus gehe ich durch die Schreiberei sicher auch noch auf die Bedürfnisse weiterer Anteile ein. Und auf jeden Fall berücksichtige ich denjenigen, welchen ich jetzt beschreiben möchte: meinen Eitlen Anteil.

Dieser setzt darauf, dass Sie sich bei der Lektüre einen vorteilhaften Eindruck von mir bilden. Wenn sich beispielsweise der ein oder andere denkt: »Mensch, was hat der Hahnzog viele Bücher gelesen – was der alles weiß!«, dann schaut mein Eitler Teil voller Zufriedenheit in den Spiegel und klopft sich einmal mehr selbst auf die Schulter. Schön wäre auch: »Beeindruckend, welche Zusammenhänge dieser Autor herstellt. So habe ich das noch gar nicht gesehen, und ich muss sagen: Er hat recht.« Da kriegt er sogar eine wohlige Gänsehaut und schiebt dem Selbst eine Extraportion Wert rüber.

Die Eitlen Teile ermöglichen uns also wichtige *Ressourcen:* Sie verschaffen uns Zuspruch, Anerkennung und Bestätigung. Das ist elementar für unseren Selbstwert, und dieser wiederum ist ausschlaggebend für unser gesamtes Verhalten. Außerdem machen sie uns regelmäßig auf unsere Macken, Schwächen und Entwicklungsfelder aufmerksam und ermöglichen uns dadurch ein beständiges Wachstum.

Doch der Reihe nach.

Wollen wir erst mal sehen, was passiert, wenn der Eitle Teil den Hals nicht vollkriegte und sich in die vorderste Bühnenreihe stellen würde: *Risiko+*.

In diesem Falle müssten Sie sich in jeder Situation in den Mittelpunkt drängen. Sie würden jeden um sich herum auffordern, Ihnen zu sagen, wie toll, hübsch, klug, sexy oder liebenswert Sie sind. Und das nicht nur einmal, sondern bei jedem Treffen mindestens siebzehnmal. Selbst wenn Ihre Gäste die leergeputzten Teller noch mit der Zunge abschlecken, würden Sie ein »Hat es euch wirklich geschmeckt?« hinterherschieben.

Überhaupt würden Sie so manch erprobte Taktik zur Selbstwerterhöhung perfektionieren. Sie wären Profi für (falsche) Bescheidenheit, mit der Sie versuchten, Ihre Gier nach Anerkennung und Zuspruch zu verschleiern. »Also, das Kleid/der Anzug hat ja ein Vermögen gekostet, aber sehe ich darin nicht dick aus?« wäre noch einer der simpelsten Versuche, Ihrem Gegenüber Sätze wie den folgenden zu entlocken: »Wie kommst du denn darauf? Du siehst fantastisch aus! Die Farben passen perfekt zu deinen Augen, und überhaupt frage ich mich, wie du das machst, dass du immer noch so eine Hammerfigur hast.«

Vielleicht kennen Sie das ja auch noch aus der Schulzeit. Da ging das Spiel so: »Oje, das wird sicher nichts mit der Mathenote. Wenn ich Glück habe, dann krieg ich noch ’ne Vier.« Nach den darauf folgenden Lobhudeleien der anderen zur fachlichen und sonstigen Kompetenz waren das interessanterweise genau die Klassenkameraden, die dann bei der Notenbekanntgabe ein knappes, aber doch hörbares »Oh, so was, wieder eine Eins« vernehmen ließen.

War das bei Ihnen auch so? Dann wissen Sie ja, wie Sie

sich das »Zuviel« eines Eitlen Teils vorstellen müssen. Und Sie können erahnen, wie Ihr Umfeld auf Sie reagieren würde. Irgendwann fragt eben niemand mehr, wie es Ihnen geht, weil keiner mehr das ständige »Ach, weißt du, ich hab's ja nicht leicht« hören kann.

Neben der sozialen Isolation könnte die Omnipräsenz des Eitlen Anteils auch noch Folgen haben, die sich unmittelbar auf Sie beziehen. Irgendwo würden Sie nämlich immer noch einen kleinen Pickel, ein graues Haar oder ein Gramm zu viel finden. So richtig zufrieden könnten Sie mit sich wahrscheinlich nicht sein, denn gemeinerweise werden Sie doch auf Menschen treffen, die toller, hübscher, klüger, begehrens- oder liebenswerter sind.

Andererseits würden Sie dann wahrscheinlich einfach den nächsten Trick aus der Selbstwertsteigerungskiste ziehen. Getreu dem Motto »Unter den Blinden ist der Einäugige König« würden Sie sich Ihren Bekanntenkreis ganz gezielt auswählen. Der dürfte mit Ihnen nicht mithalten können, und dann ginge es wieder los: »Ich war heute beim neuen Starcoiffeur, aber der hat meine Frisur total ruiniert. Sieht schrecklich aus, oder?« Und schon würde das Selbst wieder neues Futter bekommen.

Bevor Sie jetzt zum Spiegel eilen und den Sitz Ihrer Frisur stundenlang kontrollieren, wollen wir in die andere Ecke des Fegefeuers der Eitelkeiten blicken. Was wäre, wenn Ihr Eitler Teil aufgegeben und sich selbst in eine Beautyfarm eingewiesen hätte?

Solange Sie einen hohen, stabilen Selbstwert haben, wäre das noch nicht so schlimm. Auf Sie gerichtete Angriffe würden an Ihnen eher abprallen, denn es wäre ja egal, was andere über Sie denken. Genau genommen sogar, wie Sie über sich selbst urteilen. Sie könnten sich gehen lassen und anziehen, was Sie wollen. Es wäre ja »egal«.

Allerdings dürfte mit hoher Wahrscheinlichkeit der Tag kommen, an dem Ihr Selbstwert nicht mehr ganz so stabil oder nicht mehr ganz so hoch ist. Das ist ein ganz normaler menschlicher Vorgang, der von vielen Faktoren abhängig und leider nicht zu vermeiden ist. Es gibt eben auch immer mal wieder Regentage im Leben.

Dann hätten Sie ein Problem. Es gäbe wahrscheinlich niemanden in Ihrer Persönlichkeit, der sich mit solchem Nachdruck um Zuspruch für Ihre Seele kümmern würde wie der Eitle Teil. Die Gefahr wäre groß, dass Sie verkümmern. Denn wenn der Selbstwert zu tief fällt, dann ist er nur schwer wieder nach oben zu stemmen.

Wenn also das nächste Mal jemand auf Biegen und Brechen ein Kompliment von Ihnen hören möchte, dann seien Sie nachsichtig und füttern Sie den Eitlen Teil Ihres Gegenübers. Vielleicht nehmen Sie sich ja sogar ein Vorbild und sorgen selbst mal wieder dafür, dass Sie ein »Du machst das ganz toll« zu hören kriegen. Es wird Ihnen guttun.

Nur nicht übertreiben, das macht schnell süchtig!

Macher-Teile

Als Kind gab es in meinem Freundeskreis unter anderem zwei Fraktionen: Lego oder Fischer-Technik. Ich gehörte zur Letzteren und habe mit den grauen und roten Plastiksteinen alles Mögliche gebastelt, getüftelt und erfunden. Besonders stolz war ich auf den elektrisch betriebenen Spaghetti-Aufwickler und den vollautomatischen Keksportionierer.

Der Spaghetti-Aufwickler bestand aus einem kleinen Elektromotor, um den herum ein Handgriff und eine Aufnahmevorrichtung für eine Gabel angebracht waren. Über einen Trafo mit Drehregler, wie Sie ihn vielleicht von Ihrer Modelleisenbahn kennen, konnte man die aufgesetzte Gabel in unterschiedlichen Geschwindigkeiten rotieren lassen. Das war wirklich ungemein praktisch, weil man sich die lästige Wicklerei der widerspenstigen Nudeln per Hand sparen konnte.

Zugegeben, das zeitgleiche Bedienen des Trafos, Halten des Aufwicklers und am besten auch Halten des Tellers erforderte mindestens drei Hände, aber diese Erfindung war sicher ein Meilenstein der modernen Esskultur. Warum sich das nicht durchgesetzt hat, habe ich mich lange gefragt. Es könnte daran gelegen haben, dass die Sauerei gewaltig war, wenn der Drehregler auch nur einen Hauch zu weit betätigt wurde. Dann flogen die Nudeln schon mal durch die halbe Küche.

Noch revolutionärer war die vollautomatisierte Keks-Aufbewahrungs-Beförderungs-Portionierungs-Maschine. Sie müssen sich das so vorstellen:

Am einen Ende der esstischgroßen Apparatur war ein Trichter angebracht, in den man Kekse einfüllen konnte. Auf Knopfdruck setzte man ein Förderband in Gang, das die Kekse einzeln vom Trichter in Richtung Ausgabe transportierte. Am Ende des Förderbandes kam der Keks auf einer Platte zu liegen. In der Mitte dieser Platte befand sich ein etwa zweifingerbreiter Spalt. Und dann kam der eigentliche Hauptnutzen dieser bedeutenden Errungenschaft des 20. Jahrhunderts: Da es sich um große Kekse handelte, die man am Stück kaum in einen neunjährigen Kindermund befördern konnte, fuhr in der Mitte dieser Platte ein pneumatisch betriebener Druckzylinder herunter, traf auf den Keks und brach ihn in der Mitte entzwei. Die beiden Kekshälften fielen dann durch den Spalt in der Platte und landeten perfekt portioniert auf einem Servierteller. Toll, oder? Nie wieder selbst die Hände anbröseln oder eine Kieferstarre riskieren!

Für solche wunderbaren Kreationen war damals und ist bis heute mein innerer Tüftler zuständig. So ein richtiger *Macher,* der versucht, Ideen und Pläne in die Realität umzusetzen. Auf meiner inneren Bühne hat er die Gestalt von Peter Lustig aus »Löwenzahn« – Sie wissen schon, der mit Nickelbrille, Bauwagen und dem spießigen Nachbarn Paschulke. Er sorgt dafür, dass ich ab und an Geburtstagsgeschenke noch selbst bastle, übernächstes Wochenende einen Junggesellenabschied für einen guten Freund mitorganisiere oder dieses Buch schreibe. Ich bin diesem Teil dafür sehr dankbar, weil ich unter seinem Einfluss immer wieder Neues ausprobiere.

Was wäre, wenn er mich im Stich lassen und samt seinem Bauwagen verschwinden würde? In diesem Falle des *Risiko*— würde mir wahrscheinlich nicht einmal auffallen, wenn ich auf ein Problem träfe oder auf Dinge, die ich nicht verstünde. Ich würde alles hinnehmen, wie es ist, nichts hinterfragen und mir keine Gedanken über Alternativen und Lösungen machen. Ich würde nichts Neues ausprobieren, geschweige denn geschmiedete Pläne in die Tat umsetzen.

Übertragen Sie diese Vorstellung auf Ihre »innere Teilelandschaft«. Haben Sie auch einen Anteil, der Sie zu Nachforschungen, Überlegungen und Tüfteleien auffordert? Wenn der weg wäre, wie würde sich Ihr Leben gestalten? Nur noch Pauschalreisen, Geschenkgutscheine und passiver Fernsehkonsum? Bloß nicht selbst nachdenken. Und schon gar nichts selbst machen. Von den Bratkartoffeln bis hin zur Karriereplanung würden Sie alles der Tiefkühlpackung beziehungsweise der Einschätzung anderer überlassen. Über die Dekoration Ihrer Wohnung müssten Sie sich keine Gedanken mehr machen – der IKEA-Katalog liefert ja die Vorlage und im Idealfall auch noch die Monteure. Denn die eigenhändige Montage von Billy oder Hemnes würde nicht infrage kommen.

Wenn Sie nicht das Glück hätten, von der Dame Ihres Herzens beziehungsweise dem Traumprinzen aufgegabelt zu werden, würden Sie weiterhin allein an der Bar stehen. Schließlich wäre »Initiative« ein Wort, dessen Bedeutung sich Ihnen nicht erschlossen hätte.

Wenn Sie jetzt auf Ihre letzten Jahre zurückblicken, dann dürfte ziemlich deutlich werden, wie oft am Tag Ihr innerer Macher Ihr Verhalten gelenkt hat – oder vielleicht auch nicht lenken durfte, weil der Angsthase oder der eitle Geck es ihm nicht erlaubt haben. Denn zum Tüfteln und Machen gehört dazu, dass etwas nicht so klappt, wie man sich das zunächst vorgestellt hat. Oder dass man sich eingestehen muss, etwas noch nicht zu verstehen oder zu können. Das kann den Selbstwert dann durchaus ankratzen, und das Selbst schickt daraufhin andere Teile ins Rennen, um den Tüftler auszubremsen.

Ab und an entwickelt man sogar eine ganz paradoxe Logik. Vielleicht haben Sie das auch schon erlebt: Weil eine Aufgabe schiefgehen könnte, haben Sie sie lieber nicht angepackt. Damit waren Sie dann auf der sicheren Seite und der Selbstwert nicht durch ein Scheitern in Gefahr. Gleichzeitig hat es Sie vielleicht gewurmt, dass sich nichts ändert, Sie waren doch nicht so ganz glücklich mit der Situation.

Nehmen wir beispielsweise jenen Sonntagnachmittag, an dem Sie allein zu Hause saßen. Kein Schwein rief Sie an, was Sie ziemlich ärgerlich fanden und insgeheim sogar Ihren Freunden vorgeworfen haben. Zugleich haben Sie aber auch nicht die Initiative ergriffen und selbst den Hörer in die Hand genommen. Genau da hat sich Ihr innerer Macher vom Ängstlichen oder auch vom Eitlen Teil abbremsen lassen.

Damit Sie nicht vergessen, dass Ihnen Ihr Tüftler-Teil auch ordentlich in den Hintern treten kann und dabei gelegentlich übertreibt, wollen wir ins Gegenteil umschlagen und einen Blick auf das *Risiko+* werfen.

In diesem Falle würde sich nicht nur ein Projekt an das andere reihen, sondern die verschiedenen Ideen müssten auch noch parallel umgesetzt werden. Hinter jeder beantworteten Frage würden sich zehn neue auftun, die umgehend gelöst werden müssten. Und hätten Sie ein Projekt abgeschlossen, dann würden Sie sich keine Sekunde am Erfolg erfreuen, sondern sofort weiterforschen.

Sobald Sie das komplizierte Fünf-Gänge-Menü aus dem neuen Gourmetkochbuch gezaubert hätten, würden Sie sich nicht mit Nebensächlichkeiten – wie dem Essen – abgeben. Das könnten ruhig die anderen übernehmen. Sie würden stattdessen sofort in den Hobbykeller rasen, um sich den neuesten Umbauplänen zu widmen. Während die anderen dann gemütlich vor dem Fernseher säßen, würden Sie das Schlafzimmer streichen und anschließend noch die Ordnung des Bücherregals optimieren. Wenn Sie dann, den Schraubenzieher vom Schrankaufbau noch in der Hand, erschöpft in einen unruhigen Schlaf fielen, würden Sie im Traum vorsorglich die Arbeitsabläufe in der Firma umstrukturieren und nach dem Aufwachen umgehend Ihre Kompetenzen im Bereich der Heckenschneidekunst verbessern.

Auf den ersten Blick würde sich Ihre Familie einen solchen ultimativen Macher-Anteil wahrscheinlich von ganzem Herzen wünschen. Es wäre immer alles erledigt, und kein platter Fahrradreifen würde mehr den Tagesablauf stören. Spätestens wenn Ihre Lieben auch die abwegigsten Ideen mittragen müssten, könnte sich jedoch erster Widerstand regen. Denn wenn es eines nicht gäbe, dann wäre das Zufriedenheit mit dem Erreichten. Sich einfach mal hinsetzen und sich berieseln oder umsorgen lassen wäre ein unhaltbarer Zustand. Wobei das für Sie in dem Moment natürlich nicht wild wäre – schließlich versteckt sich hinter jeder Ecke eine neue Aufgabe.

Für Ihre nächsten wichtigen Herausforderungen sollten Sie sich also mit Ihrem inneren Macher gut stellen. Schützen Sie ihn im richtigen Moment vor den bremsenden Einflüssen anderer Ensemblemitglieder, indem Sie sich die

Folgen für ein mögliches Scheitern vor Augen führen. So schlimm wie befürchtet sind diese ja vielleicht gar nicht. Und wenn Sie dann so einiges bewegt haben, bitten Sie ihn für den Moment zur Seite. Schließlich haben auch die anderen berechtigte Bedürfnisse, sei es die verordnete Bettruhe des Faulpelzes oder der sinnliche Genuss des nun folgenden Anteils.

Sinnliche Teile

Zünden Sie bitte eine Duftkerze an. Dann dimmen Sie das Licht, legen die gute alte Kuschelrock-CD ein und machen es sich mit einem Glas Rotwein auf ein paar weichen Kissen gemütlich. Jetzt sind Sie in der richtigen Stimmung, um sich Ihrem Sinnlichen Anteil zu widmen. Dieser kann Ihnen die verführerischsten Ideen ins Ohr hauchen.

Wenn Sie sich ein Bild von diesem Anteil machen wollen, dann gehen Sie alle Verführerinnen und Verführer durch, bei denen Sie einer erholsamen Nackenmassage nicht abgeneigt wären, egal, ob das Fantasiefiguren, Traumbilder, Filmstars oder vielleicht auch ganz reale Personen aus Ihrem Leben sind. Wie bei den anderen Anteilen auch ist es hilfreich, wenn Sie ein lebendiges Bild von Ihrem inneren Genießer vor Augen haben. Bei mir übernimmt Marilyn Monroe diese Aufgabe – und wie die hauchen kann, ist ja ziemlich berühmt.

Wir haben es hier also mit Anteilen zu tun, die, ganz im Gegenteil zu den verkopften inneren Buchhaltern, ausschließlich auf die Gefühle bedacht sind. Genuss geht vor – egal, wie kompliziert die Rahmenbedingungen sind und wie niedrig der Kassenstand oder wie lang die To-do-Liste ist. Fürs Erste wollen wir unseren Romantiker unter den Anteilen daher ins Extrem des *Risiko+* schicken.

Stellen Sie sich vor, wie in dieser rosa gefärbten Welt Sinn und Sinnlichkeit kein Ende fänden. Betrachten wir hierzu einen typischen Tag in einer typischen Woche.

Für ein simples Frühstück würden Sie sich den Vormittag freinehmen – schließlich müssten die Kaffeebohnen erst selbst geröstet und jedes Haferkorn fürs Müsli von Hand geflockt werden. Beides hätten Sie natürlich zuvor selbst geerntet und sich dabei von der Fülle der Eindrücke im sattgrünen kolumbianischen Hochland beziehungsweise im goldgelben Haferfeld mitreißen lassen. Nachdem Sie jeden Bissen dreißigmal gekaut hätten, wären Sie dann langsam bereit für die Aufgaben des Tages. Zunächst müssten Sie allerdings den Farbrausch verkraften, der Sie beim Öffnen des Kleiderschranks empfängt. Noch ganz farbtrunken würden Sie etwas später, in figurbetont-herausfordernde Designstücke gewandet, den Weg in die Arbeit antreten – oder besser gesagt: an den Ort, an dem Sie mit Ihrer Leidenschaft auch noch Geld verdienen und sich mit Begeisterung in Ihre Selbsterfüllung stürzen dürfen.

Doch so schnell ginge das natürlich nicht. Auf dem Weg müsste jeder Baum, an dem Sie vorbeikommen, erst mal innig umarmt werden. Mein Arbeitsweg führt mich zu großen Teilen an Parkanlagen entlang der Isar vorbei. Da gibt es

sehr viele Bäume. Wenn das bei Ihnen ähnlich ist, können Sie sich ausmalen, wie weit Sie kommen würden, wenn Ihr Sinnlicher Teil die alles entscheidende Instanz wäre. Inzwischen würde sich die Sonne langsam wieder dem Horizont nähern, und dann wäre es allerhöchste Zeit, zu *Ihrem* Aussichtspunkt zu gelangen: Das beeindruckende Naturschauspiel, wenn der gleißende Feuerball im Meer oder hinter den Bäumen, Häusern oder Bergen verschwindet, dürften Sie auf keinen Fall verpassen.

Sind Sie dann in der lauen Nacht mit all ihren verführerischen Düften und Klängen angekommen, dann folgt ein lukullisches Gelage, bei dem sich der Tisch unter Artischocken, Kaviar, Spargel, Schokolade, Granatäpfeln und was die erotische Küche noch alles hergibt, bis zum Boden biegt. Anschließend wird getanzt, gefeiert; und bevor die nächsten

Momente zu wenig jugendfrei werden, senken wir den Schleier der Verschwiegenheit über die Szene. Natürlich einen aus Seide.

Verlockend, oder? Sollten Sie gerade angenehm angeregt sein, kann ich Ihnen zunächst empfehlen, sich Ihrem Sinnlichen Teil, der da gerade erwacht, hinzugeben. Vielleicht ist es höchste Zeit, mal wieder den Kopf richtig frei zu kriegen. Wenn dem so ist, dann legen Sie jetzt am besten das Buch zur Seite und machen Sie mit dem weiter, was gerade vor Ihrem inneren Auge an Bildern aufgetaucht ist.

Und? Wie war's? Noch erschöpft von letzter Nacht?

Untersuchen Sie Ihren Hals auf Knutschflecken – noch können Sie diese mit Schal oder Kragen für das Meeting nachher verdecken.

Aber ich möchte hier ja über das *Risiko+* und nicht über die Ressourcen des Sinnlichen Teils schreiben. Deswegen müssten Sie jetzt eigentlich ein paar Absätze nach oben springen und erst mal mit einer ausgiebigen Dusche den Tag beginnen. Dann sind wieder die Kaffeebohnen dran. Nein, nein, das Meeting kann warten – schließlich haben Sie nur *ein* Leben, und das ist zu kurz, um Industriemüsli zu essen oder gar einer U-Bahn hinterherzulaufen. Außer Ihr Liebster sitzt drin, und Sie wollen ihm oder ihr noch unbedingt eine Kusshand zuwerfen.

So ginge das jetzt also weiter – sinnlich, anregend, erfüllend. Steuererklärung, Vorsorgeuntersuchung oder lästige Hausarbeiten müssten warten. Alles, was nicht zu hundert Prozent bereichernd wäre, würde vertagt. Auch die versprochene Unterstützung beim Umzug Ihrer besten Freundin, die Teilnahme am Klassenelternabend und die Kontrolle der letzten Jahresbilanz müssten abgesagt werden. Die Folgen für

Ihre Gesundheit, beruflichen Pläne oder auch sozialen Kontakte wären voraussichtlich nicht sonderlich berauschend.

Aber was soll's? Sie hätten ja noch die Bäume, und das sind ziemlich gute Zuhörer.

Kurz dürfen Sie noch in heimlichen Fantasien schwelgen.

Aber jetzt müssen Sie sich um 180 Grad drehen. Richten Sie den Blick auf das Ende der Skala, an dem man nicht mal weiß, wie »Sinnlichkeit« geschrieben wird. Das *Risiko* – zeichnet sich in dem Fall dadurch aus, dass alle Farben aus Ihrem Leben getilgt wären. Ein Einheitsgrau würde Ihre Welt durchziehen, wenn sich der Sinnliche Teil versteckt hätte. Ohne jegliche Begeisterung würden Sie Ihre Pflichten erledigen und freie Minuten höchstens mit Solitär am Computer überwinden.

Das Frühstück würde aus einer geschmacklosen grauen Pampe bestehen. Die zwar nährstoff- und vitaminreich wäre, aber auf überflüssige Aspekte wie anregenden Duft oder den ansprechenden Serviervorschlag würden Sie verzichten. Arbeit diente dem Zweck der Lebensfinanzierung, und das Leben selbst wäre mehr Existenz als Erfüllung. In Bewegung würden Sie sich nur für medizinisch verordnete Gesundheitsübungen setzen, und sexuelle Aktivität diente ausschließlich dem Zweck der Fortpflanzung.

Jagen Ihnen schon Schauer über den Rücken? Dann sehen Sie sich mal um und entfernen Sie im Geiste alles aus Ihrer Umgebung, was den Sinnlichen Teil anspricht: Bilder, Romane, Blumen und Gesellschaftsspiele. Klamotten, die nicht nur funktional, sondern auch schön sind, müssten Platz machen im Kleiderschrank. Von »Dessous« ganz zu schweigen – Feinripp würde die Schublade mit den Schlüpfern dominieren. Ihr Weinkeller würde einer Notration Grander-Wasser weichen, und die CD-Sammlung müsste bis auf Sachbuch-Hörbücher auf den Flohmarkt.

Um es kurz zu machen: Von Sinnlichkeit wäre in dieser Szene nichts mehr zu spüren. Von *Sinn* ganz zu schweigen.

Werfen Sie also regelmäßig einen Blick auf Ihren Sinnlich-sinngebenden Anteil und lauschen dem, was er Ihnen empfiehlt. Da sind hervorragende Ideen dabei – möglicherweise sogar lebenswichtige. Und wenn Sie heute doch den ein oder anderen lästigen, aber wichtigen Termin haben, dann könnten Sie Ihre Wertschätzung in etwa so verdeutlichen:

»Liebe Marilyn, vielen Dank, dass ich dich habe. Du machst mich darauf aufmerksam, was meinem Leben Sinn, Genuss und Freude verleiht. Dadurch stelle ich mir immer wieder die Frage: ›Wofür?‹ Und das treibt mich an. Um diese Ziele zu erreichen, muss ich auch Aufgaben wahrnehmen, die dir nicht zusagen. Ohne diese wäre der Genuss, den du von mir erwartest, nicht möglich.

Und daher möchte ich, dass du jetzt etwas zurücktrittst. Ich verspreche dir, dass ich am Wochenende ausführlich auf deine Bedürfnisse eingehen werde.«

Jetzt checken Sie noch mal Ihre To-do-Liste, und dann schenken Sie sich ein Gläschen ein. Ist schließlich Feierabend.

Ängstliche Teile

Kommen wir nun zu Anteilen, die wahrscheinlich zu den wichtigsten gehören, die wir überhaupt haben. Diese Anteile sind so bedeutsam, dass Sie und ich und auch kein anderer Mensch mehr hier wäre, wenn wir sie nicht hätten: unsere Ängstlichen Teile. Das ist übrigens gerade *kein* Sarkasmus, sondern mein blutiger Ernst.

Blutig? Stellen Sie sich mal vor, Ihr Ur-Ur-Ur-Ur-Ur-… Urgroßvater hätte sich damals beim Anblick des Säbelzahntigers gedacht: »Oh, wie süß. Du bist aber ein kuscheliges Kätzchen.«

Berühmte letzte Worte – und Sie wären heute nicht hier.

Bevor wir uns den Risiken widmen, möchte ich daher ein paar wohlwollende Worte zum Thema »Angst« loswerden.

Angst ist bei jedem Menschen unterschiedlich ausgeprägt. Das Spannende dabei: *Alles* kann angstauslösend wirken. *Jede* Situation oder *jedes* Objekt – manchmal lässt sich nicht mal nachvollziehen, warum wir Angst bekommen, sie ist dann einfach da. Und nur weil bestimmte Ängste von vielen nachvollzogen werden können – wie etwa vor Spinnen oder auch großer Höhe –, ist es nicht unrealistisch, dass auch ein Blumenstrauß dazu führen kann, dass sich jemand kaum mehr rühren mag vor lauter Anspannung.

In der Psychologie erklären die »Lerntheorien« dieses Phänomen ziemlich gut. Sie versuchen zu beschreiben, wie wir uns Verhaltensweisen aneignen – etwa durch Lernen von Vorbildern, aus Konsequenzen oder aus den eigenen Gedanken heraus. Ich möchte beispielhaft einen der ältesten Ansätze heranziehen: die »klassische Konditionierung«. Bleiben wir dafür beim erwähnten Blumenstrauß.

Stellen Sie sich vor, ein junger Mann fährt mit dem Auto auf der Autobahn, auf dem Beifahrersitz liegt ein Blumenstrauß – etwa weil er seine Mutter zum Muttertag besuchen möchte. Allerdings endet diese Fahrt nicht bei Kaffee und Kuchen, sondern in einem massiven Auffahrunfall. Dabei wird der brave Sohn so in seinem Fahrzeug eingeklemmt, dass er zwei Stunden lang von der Feuerwehr freigeschnitten werden muss. Während dieser bangen Wartezeit geht er durch die Hölle, weiß nicht, ob er überleben wird, hat fürchterliche Schmerzen – und die ganze Zeit den duftenden Blumenstrauß direkt vor Augen und Nase.

Die Geschichte geht allerdings relativ glimpflich aus. Der Pechvogel wird von der Feuerwehr geborgen, und nach ein paar Wochen auf der Intensivstation ist er wieder einigermaßen hergestellt. Nur eins ist ihm geblieben: Jedes Mal, wenn es ein Besucher gut meint und ihm Blumen mitbringt, fühlt er sich schlagartig unwohl. Kalte Schauer laufen ihm den

Rücken hinunter, der Hals schnürt sich zu, und die Hände zittern. Mit anderen Worten: Sein Ängstlicher Teil drängt sich beim Anblick der Blütenpracht in den Vordergrund und übernimmt die Kontrolle.

Was ist passiert?

Die klassische Konditionierung geht davon aus, dass ein Reiz, der zugleich mit einer intensiven Emotion auftritt, in Zukunft mit dieser Emotion verknüpft sein kann. Auch wenn diese beiden, Reiz und Reaktion, zuvor überhaupt nichts miteinander zu tun hatten. In unserer Geschichte sind das eben Schnittblumen und Todesangst. Diese Koppelung führt dazu, dass der zuvor neutrale Reiz (Blumen) auf einmal die verknüpfte Reaktion (Angst) hervorruft. Für den bemitleidenswerten Crashfahrer bedeutet das: Statt Gedanken an einen romantischen Rosengarten führen die blühenden Mitbringsel zum erneuten Durchleben seiner »Nahtoderfahrung«.

Es gibt allerdings auch eine gute Nachricht: Wenn wir »Angst« lernen können, dann können wir auch »Entspannung« lernen. Nicht umsonst hat die Verhaltenstherapie so ausgezeichnete Erfolge in der psychotherapeutischen Behandlung von Angststörungen zu verzeichnen. Eine Vertiefung dieser Möglichkeiten würde an dieser Stelle zu weit führen – da möchte ich Sie lieber auf die entsprechende Literatur verweisen[10] oder Ihnen einen guten Psychotherapeuten empfehlen.

---

[10] Zum Thema kann ich *Grundkonzepte der Psychotherapie* von Jürgen Kriz empfehlen und für Interessierte am Feld der psychischen Störungen, zu denen auch die Angststörungen gehören, das Grundlagenlehrbuch *Psychiatrie und Psychotherapie* von Möller, Laux und Deister. Näheres dazu in den Literaturempfehlungen.

So viel zu einem kurzen Exkurs über die Entstehung von Angst. Wie steht es jetzt um unsere Ängstlichen Anteile?

Das *Risiko*– rund um unser inneres Angsthäschen wurde mit dem Säbelzahntiger-Beispiel schon ziemlich deutlich, oder? Übertragen Sie das Ganze jetzt mal auf sich selbst. Denken Sie sich in eine Welt hinein, in der sich Ihr Ängstlicher Teil verabschiedet hat – egal, ob er einen weiteren Aufenthalt in Ihrer Persönlichkeit nicht mehr für notwendig fand oder Sie ihn rausgeschmissen haben.

Und jetzt werden Sie wieder kreativ: Egal wer, was oder welche Situation – Sie hätten keinerlei Angst mehr! Das heißt keinen erhöhten Herzschlag oder sprunghaft ansteigenden Blutdruck. Keinen Tunnelblick, keine Vorbereitung auf eine mögliche Flucht.

Fangen Sie zunächst im Kleinen an. Mit allem, was in der Regel dazu führt, dass Ihr Angsthase Ihnen ein »leichtes Unbehagen« vermittelt. Ob das jetzt die vollgestopfte U-Bahn ist – mit Ihnen mittendrin –, die kleinen, krabbelnden, netzspinnenden Mitbewohner oder der scheinbar bodenlose Badesee. All das würde Sie ab sofort völlig kaltlassen. So weit, so angenehm. Aber gleich werden wir noch ein paar Gänge hochschalten.

In diesem Fall hätten Sie ja vor überhaupt nichts mehr Angst. Sie würden sich alles zutrauen und glauben, selbstverständlich jede Situation meistern zu können. Ob das jetzt der Überholvorgang mit 180 Stundenkilometern auf der Landstraße ist oder das lautstarke Eintreten für Ihren Verein in der gegnerischen Fankurve. Die Folgen können Sie sich jetzt bunt und lebhaft ausmalen. Um es auf den Punkt zu bringen:

Sie würden sich höchstwahrscheinlich überschätzen und sich in Gefahrensituationen begeben, die Sie nicht beherrschten. Mit anderen Worten: Der Säbelzahntiger hätte ein schmackhaftes Abendessen auf den Teller bekommen.

Auf der anderen Seite schränkt ein dauerhafter Zustand im Bereich des *Risiko+* die Lebensqualität massiv ein. Das kann dann so weit gehen, dass die Betroffenen die eigenen vier Wände nicht mehr verlassen können (»Agoraphobie«), die Sorge vor der nächsten Panikattacke einen Großteil der Gedanken einnimmt (»Panikstörung«) oder beim Verlassen der Wohnung das Türschloss zigmal kontrolliert werden muss (»Zwangsstörung«). Und das waren erst ein paar wenige Beispiele für ausgeprägte Angststörungen.

In solchen Fällen ist das eigene Angsthäschen nicht nur ein vorsichtiger Ratgeber, der einen auf die ein oder andere mögliche Gefahr aufmerksam macht. Sondern auch bei Standardsituationen wird ein Vorgang ins Rollen gebracht, der unseren Körper innerhalb von Sekundenbruchteilen angriffs- oder fluchtbereit macht: Die körpereigene Superdroge Adrenalin durchströmt die Adern, eine Extraportion Sauerstoff wird in die Muskeln und ins Gehirn transportiert, die Leber setzt Energie in Form von Glukose frei, die Gedanken und die Wahrnehmung fokussieren sich nur noch auf das Wesentliche.

Das sind zwar großartige *Ressourcen,* die der Ängstliche Teil in uns aktiviert, aber sie brauchen auch viel Energie. Eine überhöhte oder dauerhafte Aktivierung führt dazu, dass wir in »normalen« Situationen nicht mehr »normal« reagieren: Im Gespräch mit den Kollegen würden wir plötzlich verunsichert herumstammeln, an der Supermarktkasse bewegungslos verharren und uns schon beim Gedanken an den Weg zum Bäcker für die Sonntagsbrötchen wieder unter der Bettdecke verkriechen. Die Folge wäre dann zwar ein recht sicherer Alltag, da wir uns keinerlei Gefahren mehr aussetzen würden. Jedoch wären Dinge wie Arbeiten, ein Treffen mit Freunden oder entspanntes Einkaufen wahrscheinlich kaum mehr möglich.

Noch schlimmer würde es, wenn der Ängstliche Anteil Alarm schlägt, ohne dass wir nachvollziehen können, warum. Dann würde das intensive Angsterleben an sich schon zur Qual. Und noch viel schlimmer: Es gäbe kaum Möglichkeiten, sich vor der Angst zu schützen – sie wäre einfach da. Der Ängstliche Anteil würde sich einem wie ein dicker, fetter

Riesenangsthase in den Weg stellen oder vielleicht sogar auf einen draufsetzen.

Die Folge diesmal: Wir wären bewegungs- und handlungsunfähig – erstarrt.

Die lebenswichtige Funktion einer inneren Alarmanlage, die uns auf Gefahren aufmerksam macht und unsere Grenzen zeigt, ist also ein ziemlich fragiles Element unserer Persönlichkeit. Und bei jedem wird der Ängstliche Teil in anderen Situationen aktiv, je nach individueller Lerngeschichte und Erfahrung.

Das Schwierige ist wieder mal, die richtige Balance zu finden. Denn wenn wir nicht ab und an über unsere Grenzen hinausgehen und uns dem zuwenden, was unseren Ängstlichen Teil aktiviert, dann können wir diese Grenzen auch nicht verschieben. Die eigenen Grenzen immer wieder mal neu zu definieren ist aber eine zentrale Voraussetzung für Wachstum und Entwicklung. Wo auch immer diese Grenzen beim Einzelnen liegen.

Wenn Sie sich also beim nächsten Abenteuer Ihrem eigenen Angsthasen zuwenden, dann denken Sie daran, sich ehrlich und ausführlich für seine Leistungen zu bedanken. Erst dann kann er ausreichend Vertrauen finden, um Ihnen etwas mehr freie Hand zu lassen – ohne Sie gleich ins Verderben zu stürzen.

Anführende Teile

Zu guter Letzt kommen Anteile, die für bestimmte Gruppen von Menschen besonders wichtig sind. Allen voran: Mütter. Und Väter. Außerdem auch Kindergärtner und Kindergärtnerinnen sowie Lehrer und Lehrerinnen. Ach ja, sicher auch Manager und Managerinnen, wie die Bezeichnung »Führungskraft« impliziert – allerdings wird die Bedeutung der inneren Anführer von Letzteren zuweilen überbewertet.

Alles in allem braucht wahrscheinlich jeder mal einen Anteil, mit dem man anderen sagen kann, was man von ihnen erwartet. Die inneren Anführer ermöglichen uns, im Umgang mit anderen das Heft in die Hand zu nehmen und unser Gegenüber mit mehr oder weniger Nachdruck auf den richtigen Weg zu bringen.

Bei mir wird der Part von einem stolzen Cäsar repräsentiert.

Ab und an wird dieser allerdings zu sehr von seinen Allmachtsfantasien geleitet und weiß dann nicht mehr genau, wann er besser Pause machen sollte. Noch dazu tut er sich gern mit dem Erklärbär zusammen, was außerhalb von Seminaren oder Vorlesungen durchaus problematisch werden kann.

Und da sind wir schon mittendrin im Bereich des *Risiko+*.

Was passiert, wenn es der Anführer einer Gruppe übertreibt? Wenn nicht nur die Untergebenen, sondern auch die Mitstreiter und Vorgesetzten darauf hingewiesen werden, was »richtig« ist und wie man sich zu verhalten habe?

Nehmen wir hierzu an, dass Sie morgen, wenn Sie nach einem anstrengenden Tag in der Arbeit, bei dem Ihr Anführender Teil Sie erfolgreich durch Meetings und Kundentermine gelotst hat, dieser sogleich Ihre Frau beziehungsweise Ihren Mann in Beschlag nähme. Das könnte sich dann so anhören:

»Wann hatten wir eigentlich das letzte Mitarbeitergespräch? Wir sollten dringend mal wieder über deine Zielvereinbarungen sprechen – ich sehe da einige Schwierigkeiten, dass du die gesetzten Haushaltsziele erreichst. Insbesondere die Menüplanung und der Reinigungsdienst weisen in letzter Zeit erhebliche Schwächen auf – und beides liegt in deinem Verantwortungsbereich. Ich habe dir daher für kommenden Dienstag eine Terminanfrage in Outlook geschickt, bitte bestätige diese ›asap‹.«

Ich könnte mir vorstellen, dass in diesem Fall nur noch nicht ganz klar ist, wer zuerst rausfliegt: der Computer oder der Familienmanager?

Findet die gleiche Szene der (ehe)partnerschaftlichen Kontaktaufnahme nach dem wöchentlichen Fußballtraining statt, wäre folgender Verlauf denkbar, wenn sich Ihr innerer Kapitän nicht nach dem Duschen zurückgezogen hätte:

»So kann das nicht weitergehen! Ich weiß, wir hatten in letzter Zeit viele starke Gegner, wenig Zeit für ausreichend Training und die ein oder andere Meinungsverschiedenheit. Aber das ist noch lange kein Grund, die Manndeckung so dermaßen nachlässig anzugehen! Und komm jetzt bloß nicht auf den Gedanken, dich damit herauszureden, dass die Spielwiese in einem schlechten Zustand oder die Qualität der Physiotherapie vor und nach dem Spiel nicht mehr so ist wie früher! Das ist schließlich keine Hallensportart, oder?«

Hier dürfte das nächste Spiel wahrscheinlich auch keine neunzig Minuten mehr dauern – wenn es denn nicht ohnehin vom Spielplan gestrichen wird.

Auch folgende Variation eines inneren Anführers, der gerade in der Bastelstunde so manchen Zwischenfall mit Schere und Klebstift verhindert hat, jetzt aber nicht weiß, wann es genug ist, lädt zum Nachdenken ein:

»Ja, wen haben wir denn da? Ja, wen denn? Hat da jemand ›Backe, backe Kuchen‹ gemacht? Ganz brav haben wir das gemacht! Und wie du das Krustilein von dem Bratilein gemacht hast – ganz toll. Da bin ich aber mächtig stolz auf dich. Dann zeig ich dir jetzt mal, wie man dann auch den Tisch richtig deckt, da liegt die Gabel nämlich auf der linken Seite.«

Das wird dann sicher toll aussehen – mit der ganzen Dunkelbiersoße im Gesicht.

So wichtig es also ist, in der richtigen Situation Führungsstärke zu zeigen, so fatal kann es sein, wenn es gerade nicht passt. Vor allem unsere Freunde, Partner oder Ehegatten wollen uns in der Regel auf Augenhöhe und nicht als Interimsvorgesetztem begegnen.

In der Regel. Denn auch in der »gleichberechtigtsten« Beziehung gibt es Momente, in denen es erleichternd sein kann, wenn einer von beiden zwischendurch die Zügel in die Hand nimmt. Deutlich wird dies am *Risiko-*-Beispiel. Für dieses wollen wir den Anführerteil für die entscheidenden Momente nach draußen schicken.

Greifen Sie sich hierzu irgendeine Situation, in der Ihre Führungsstärke für eine Entscheidung oder die Durchführung einer Aufgabe – oder beides – einen wesentlichen Anteil haben könnte. Das können gern die größeren Momente sein, also etwa Autokauf, Mitarbeitereinstellung oder -kündigung, Heiratsantrag. Falls das für die Übung zu komplex ist, dann suchen Sie sich einfach eine weniger bedeutende Situation heraus, in der es wichtig ist, dass Sie Ihrem Gegenüber deutlich machen sollen oder wollen, wo die Reise hingeht: neues Bett fürs Schlafzimmer, Urlaubsantrag gewähren oder ablehnen, Geburtstagsgeschenk besorgen.

Und jetzt stellen Sie sich vor, Ihr innerer Anführer würde genau dann nicht mitspielen, wenn alle anwesenden Augenpaare erwartungsvoll auf Sie gerichtet sind und nach Anweisungen lechzen. Sollte Ihnen dann lediglich ein »Ganz wie du willst; ich schließe mich deinen Überlegungen an« herausrutschen, dürften die Folgen einerseits ziemlich unsicher, andererseits eher weniger zufriedenstellend sein – zumindest wenn von Ihnen das wegweisende Signal erwartet wurde.

Das hieße dann nämlich, dass Sie wohl noch ein paar Jahre mit der alten Rostschüssel herumfahren beziehungsweise auf der durchgelegenen Matratze nächtigen müssten. Dass der kompetente Bewerber doch zur Konkurrenz wechselt oder Ihre Mitarbeiter resignierende Blicke von sich geben. Dass Sie sich eventuell wieder nach einer kleineren Wohnung umsehen müssten, weil die jetzige für den frischgebackenen Single dann doch zu groß geworden ist, beziehungsweise Sie mit den Folgen leben müssen, wenn ein schnell noch hektisch gekritzelter Gutschein alles ist, was sie für den Jubeltag des/der Liebsten zustande gebracht haben.

Es gibt täglich zahlreiche Situationen, in denen Sie für sich selbst oder auch für andere Entscheidungen fällen müssen. Das ist nicht immer angenehm, und nicht selten erntet auch noch heftige Kritik, wer nach bestem Wissen und Gewissen Verantwortung übernimmt. Das ist ja das Gemeine mit Entscheidungen – jedes Mal, wenn wir uns *für* etwas entscheiden, dann entscheiden wir uns zugleich *gegen* etwas anderes. Gehen wir nach links, gehen wir nicht nach rechts. Kaufen wir das neue Auto, wird der nächste Urlaub eben auf Balkonien verbracht. Stellen wir den neuen Mitarbeiter ein, versagen wir allen anderen profilierten Bewerbern diese Stelle – und uns damit deren Kompetenz. Machen wir einen Antrag, sinkt die Wahrscheinlichkeit für Wahlmöglichkeiten bei der Familienkonstellation.

Allerdings wird gern übersehen, dass »in der Luft zu schweben« viel schlimmer sein kann, als letztendlich eine finale Alternative zu fixieren. In diesen Momenten braucht es dann einfach jemanden, der oder die einen einsatzfreudigen inneren Anführer mitbringt. Falls Sie beim nächsten Mal mit sich ringen, für oder gegen was Sie die Entscheidung treffen sollen, dann machen Sie am besten eine kurze Pause. Einmal tief durchatmen. Danach holen Sie sich den Ihren ganz nach vorn an den inneren Verhandlungstisch.

Aber nur kein Stress! Lassen Sie ruhig auch mal den anderen Anteilen und vor allem den anderen Anführern der Persönlichkeiten um Sie herum den Vortritt, wenn es die Situation erfordert oder ermöglicht. Das kann ziem-

lich entspannend sein, neue und kreative Lösungen hervorbringen und vor allem den Hausfrieden ins Gleichgewicht bringen.

Damit schließen wir diesen Blick hinter die Kulissen der Persönlichkeit. Sie konnten sich einen Eindruck eines beispielhaften Ensembles verschaffen und Details aus den Garderoben der Persönlichkeitsanteile erfahren, die sich stetig bereit machen, die Bühne für die nächste Aufführung mit Leben zu füllen.

Jetzt wollen wir einen Blick in ebensolche Lebenswelten werfen, in denen Schreiben, Malen und Gedanken zu Papier bringen die Hauptrolle spielen. Denn auch und gerade dort finden sich zahlreiche Quellen und Impulse, auf meine Art und Weise mit der Persönlichkeit umzugehen.

7.

Ein ehrenwertes Haus

»Es haben alle unterschrieben, schau dir mal die lange Liste an:/Die Frau von nebenan, die Ihre Lügen nie für sich behalten kann./Und die vom Erdgeschoss, täglich spioniert sie jeden aus./Auch dieser Kerl, der seine Tochter schlägt, spricht für dies' ehrenwerte Haus.«

UDO JÜRGENS

Es muss ja nicht immer so kleinbürgerlich grausig zugehen wie im »Ehrenwerten Haus« des großen Udo Jürgens. Schon gar nicht im Haus der Persönlichkeit. Aber in der Musik, der Dichtung oder auch der Religion finden wir unzählige Bilder der Vielgestaltigkeit unserer Gesellschaft und dessen, was ich hier als Persönlichkeit verstehe. Diese Metaphern drücken meist direkter und vor allem emotionaler aus, was uns beim Suchen nach der Antwort auf die Leitfrage dieses Buches – »Wer bin ich?« – so großes Kopfzerbrechen macht.

Es wäre daher unverantwortlich, nicht wenigstens ein paar dieser großen Gedanken vorzustellen und zu diskutieren. Vor allem, weil das Verständnis der Persönlichkeit als etwas Vielgestaltiges und Dynamisches keine Erfindung der Moderne oder der Wissenschaft ist. Gerade die Psychologie kann unglaublich viel lernen, wenn sie Überlegungen aus Belletristik und Theater, aus Religion und Mythologie und nicht zuletzt aus der Philosophie aufnimmt, in dem Versuch, der Persönlichkeit ein Stück näherzukommen.

Ich will mir nicht anmaßen zu behaupten, die Ideen, die ich im Folgenden für meine Ausführungen nutze, immer »richtig« verstanden zu haben. Vielmehr stelle ich Ihnen meine *Interpretationen* zur Verfügung, die mich in meinen eigenen Überlegungen angeregt haben. Und genau um diese Anregung geht es mir auch: Es spielt gar keine Rolle, ob Sie meine Interpretationen ähnlich sehen oder nicht – vielmehr lade ich Sie ein, sich Ihre eigenen Gedanken zu machen. Wenn das zur Folge hat, dass Sie beim nächsten Buch, das Sie lesen, beim nächsten Konzert, das Sie besuchen, oder beim nächsten Film, den Sie sehen, auch ein bisschen über sich selbst und Ihre eigene Persönlichkeit nachdenken, dann kann das dazu führen, dass Sie in der Entwicklung Ihrer Persönlichkeit weiterkommen.

Und darum geht es ja letztendlich in diesem Buch.

Dichter und Dramaturgen

Erinnern Sie sich mal an Ihre Schulzeit. Deutschunterricht. Auch wenn das eventuell schon etwas länger her ist, so dürften Ihnen die folgenden Zeilen noch bekannt sein:

»Zwei Seelen wohnen, ach! in meiner Brust,
Die eine will sich von der andern trennen;
Die eine hält, in derber Liebeslust,
Sich an die Welt mit klammernden Organen;
Die andre hebt gewaltsam sich von Dust
Zu den Gefilden hoher Ahnen.«

Was Johann Wolfgang von Goethe so bei Dr. Faust beschreibt, ist eine der häufigsten Varianten, die Vielfalt der Persönlichkeit literarisch darzustellen.

Genauer gesagt handelt es sich hier um eine *Ambivalenz:* das gleichzeitige Bestehen von zwei miteinander nicht oder zumindest nur schwer zu vereinbarenden Vorstellungen oder Gefühlen. Mit anderen Worten: zwei inneren Anteilen, die unterschiedliche, eventuell sogar sich widersprechende Aufgaben und Ziele haben. Die Sehnsucht nach der Erfüllung oder dem Ausleben geheimer Wünsche; die Flucht aus dem Alltag hinein in eine neue Welt; die Faszination von widersprüchlichen Lebensentwürfen. Wie Goethes Faust, der seine Ambivalenz zwischen Sinnlichkeit und Geistigkeit ausdrückt, indem er sich einerseits nach »neuem bunten Leben« sehnt und andererseits »die Menschenliebe, die Liebe Gottes« in seinem alltäglichen wissenschaftlichen Leben spürt. Durch den Verkauf seiner Seele an Mephisto gewinnt bekanntlich die »erste Seele« die Oberhand, und Faust begibt sich auf große Reisen. Er wird wieder jung und gut aussehend und kann das Herz von Gretchen erobern – allerdings zu einem tragischen Preis.

Wenn wir mit Robert Louis Stevenson gebannt verfolgen, welche Gräueltaten der schreckliche und zugleich faszinierende

Mr. Hyde vollbringen kann, bevor der nachlassende Drogeneinfluss wieder Dr. Jekyll zum Vorschein bringt. Oder wenn sich Clark Kent vom tapsigen Reporter in den unschlagbaren Superman verwandelt. Die »zwei Seelen« als Bild für die Dichotomien unseres Verhaltens, unserer Gedanken und Gefühle finden sich in vielen belletristischen Quellen. Dadurch wird eine zutiefst menschliche Eigenart ausgedrückt: das Hin-und-her-gerissen-Sein zwischen zwei Alternativen.

Ich schätze, Sie müssen nicht lange grübeln, um sich an Situationen in der letzten Zeit zu erinnern, in denen Ihnen Entscheidungen nicht ganz leicht gefallen sind, wie zum Beispiel: aufstehen oder liegen bleiben, Sport oder Couch, After-Work-Party mit dem neuen Kollegen oder Abendessen zu Hause, Pizza oder Sushi? Oder was auch immer Sie eben täglich alles entscheiden.

Gehen Sie bitte nur die vergangene Woche durch und halten Sie Situationen fest, in denen Sie sich nicht so einfach oder vielleicht gar nicht entscheiden konnten.

Diese Ambivalenzen können anstrengend sein und ab und an sogar richtig lähmend wirken. Im Pizza-Sushi-Beispiel aus der Übung wird das dann besonders herausfordernd, wenn man am Ende hungrig ins Bett muss, weil man sich gar nicht entscheiden konnte.

Zugleich können durch solche (vergeblichen) Entscheidungsprozesse auch Energien mobilisiert, Neues erprobt und nicht zuletzt unser Handeln sorgfältig geplant werden – eben zwei Seiten einer Medaille.

Goethe fand nach seinem *Faust* für sich selbst zumindest eine theoretische Möglichkeit, den Zwiespalt seiner selbst auszudrücken:

Ginkgo Biloba:

Dieses Baums Blatt, der von Osten
Meinem Garten anvertraut,
Giebt geheimen Sinn zu kosten,
Wie's den Wissenden erbaut.

Ist es Ein lebendig Wesen,
Das sich in sich selbst getrennt,
Sind es zwey die sich erlesen,
Daß man sie als Eines kennt.

Solche Frage zu erwiedern
Fand ich wohl den rechten Sinn;
Fühlst du nicht an meinen Liedern
Daß ich Eins und doppelt bin.

Allerdings ist es in Wirklichkeit doch noch etwas komplizierter. Nicht umsonst heißen die in den letzten Kapiteln beschriebenen Modelle der Persönlichkeit »multi«plizit, also »viel«gestaltig. Es sind nicht nur zwei Anteile, die in unserem Inneren miteinander ringen, sondern bedeutend mehr.

Düster und zugleich anregend beschreibt Hermann Hesse diesen Umstand in seinem Roman *Der Steppenwolf.* Zunächst finden wir auch dort wieder die klassisch-ambivalente Zuschreibung zweier Persönlichkeitsteile: Die Hauptfigur Harry Haller wird mit »zwei Naturen, eine menschliche und eine wölfische«, beschrieben. Die Metapher des Wolfs steht für »das Freie, Wilde, Unzähmbare, Gefährliche und Starke«, die des Menschen für »Sehnsucht nach Güte und Zartheit [...], Verse lesen und Menschheitsideale«. Hesse gesteht diese Doppelseitigkeit »ziemlich vielen Menschen« zu, die »alle zwei Seelen, zwei Wesen« in sich tragen. Dabei haben diese »Wesen« unterschiedliche Qualitäten – die Menschen haben ganz individuell »viel vom Hund oder vom Fuchs, vom Fisch oder von der Schlange« (Hesse 2005, S. 58 ff.).

Diese Zweigestaltigkeit skizziert bildhaft die menschliche Zwiespältigkeit. Als gesamte Wesensbeschreibung reicht sie jedoch nicht aus. Das sieht auch Hesse so. Er reduziert die menschliche Persönlichkeit nicht auf diese einfache Struktur, sondern behauptet: »... kein einziger Mensch [...] ist so angenehm einfach, daß sein Wesen sich als die Summe von nur zweien oder dreien Hauptelementen erklären ließe.« Insbesondere der Steppenwolf alias Harry Haller »besteht nicht aus zwei Wesen, sondern aus hundert, aus tausenden. Sein Leben schwingt (wie jedes Menschen Leben) [...] zwischen tausenden, zwischen unzählbaren Polpaaren« (ebenda, S. 77).

Hesse beschreibt mit dem Steppenwolf sowohl sein Alter Ego, das seine eigenen, unerfüllten Wünsche ausdrückt, als auch die Gesellschaft, in der Individualität und Uniformität im Konflikt zueinander stehen müssen. Nicht umsonst wurde der Roman in der nach Loslösung von gesellschaftlichen Einschränkungen strebenden Flower-Power-Generation zum Sinnbild für Individualität. Für mein Persönlichkeitsmodell dient das Werk aufgrund seiner bildreichen Sprache als Einleitung und zum Verständnis:

>In Wirklichkeit aber ist kein Ich, auch nicht das naivste, eine Einheit, sondern eine höchst vielfältige Welt, ein kleiner Sternenhimmel, ein Chaos von Formen, von Stufen und Zuständen, von Erbschaften und Möglichkeiten« (ebenda, S. 79).

Als zum Leben erweckte Literatur ist auch das Theater häufig Schauplatz vielgestaltiger Persönlichkeiten. Ich würde sogar behaupten, dass es eine der elementaren Quellen für Erkenntnisse rund um das Menschsein ist. Schließlich geht es dort nicht nur um Geschichten, die jemand geschrieben hat, sondern diese Geschichten werden auch noch von anderen dargestellt, verkörpert. Die Schauspieler schlüpfen in eine Rolle beziehungsweise verkleidet mit einer »Maske« (lateinisch *persona*) in eine andere Persönlichkeit hinein, ohne ihren eigenen Körper zu verlassen. Stellvertretend für den Zuschauer leben sie Persönlichkeitszüge aus und befinden sich zugleich in der Fiktion der Bühne. Heute der abenteuerlustige Liebhaber und morgen der eingebildete Kranke – ein Mensch kann viele Facetten verkörpern. Das Spiel mit diesen Rollen wird zum Bestandteil des Stücks.

Dass dies umgekehrt nicht nur für das Theater, sondern für unser gesamtes Dasein gilt, drückte Shakespeare auf ganz prägnante Weise aus: »Die ganze Welt ist eine Bühne und alle Männer und Frauen bloße Spieler« (*Wie es Euch gefällt*, 2. Akt, 7. Szene).

Das Theater als Spiegel der Menschen und der Menschheit verkörpert also in gewissem Sinne die Auffassung der Vielgestaltigkeit der menschlichen Persönlichkeit.

Das Theater der Moderne – Film und Fernsehen – beschreibt zahlreiche Persönlichkeiten, die aus unterschiedlichen Anteilen bestehen. So ist es bei George Lucas' Weltraumsaga »Star Wars« zwar »die Macht«, die den Jedi große Kräfte verleiht. Jedoch sind es der individuelle Charakter, die persönlichen Erfahrungen und deren Bewertung, die dafür verantwortlich sind, ob sich der Ritter auf die helle oder dunkle Seite der Macht stellt.

In der Fernsehserie »Star Trek« rund um die Besatzung des Raumschiffs Enterprise – um im Genre zu bleiben – werden in der Folge »Mirror, Mirror«[11] drei Besatzungsmitglieder mit denen aus einem Paralleluniversum ausgetauscht. Dabei werden zwar immer die gleichen Protagonisten dargestellt, jedoch in ihrer individuellen Welt. Dadurch kann der gleiche Captain Kirk im einen Universum – anders ausgedrückt: im einen Sozialisationskontext – böse und rachsüchtig, in einem anderen freundlich und hilfsbereit sein.

Häufig werden in Filmen, in denen die verschiedenen Persönlichkeitsanteile eines Charakters im Vordergrund stehen,

---

[11] Auch in der Neuauflage »Star Trek – The Next Generation« entsteht in der Folge »Parallelen« ein Zeitloch, das verschiedene Paralleluniversen miteinander verschmelzen lässt.

»pathologische Persönlichkeiten« geschildert, die unter ihrer Vielgestaltigkeit leiden oder zwischen den einzelnen Persönlichkeitsteilen nicht mehr unterscheiden können. Solche extreme Aufspaltungen der Persönlichkeit, die als Diagnose umstritten, auf jeden Fall aber äußerst spannend sind, bezeichnet man als »multiple Persönlichkeitsstörung«, die ich im 4. Kapitel bereits erwähnt habe. In der Realität tritt diese Störung, wie auch andere pathologische Beeinträchtigungen der Persönlichkeit, eher selten auf – vor allem seltener als cineastisch dargestellt. Ich kann diesen Hang der Filmemacher durchaus verstehen, schließlich ist es schillernder und unterhaltsamer, über jemanden einen Film zu drehen, der heute braver Pfadfinder und morgen brutaler Kneipenschläger ist, als über jemanden, der vor lauter Antriebslosigkeit wochenlang nicht aus den Federn kommt.

Anthony Hopkins, der als Hannibal Lecter in »Das Schweigen der Lämmer«[12] den eloquenten Intellektuellen und zugleich den kannibalischen Mörder spielt. Oder der gutmütige und akribische Kriminaltechniker »Dexter« Morgan aus der gleichnamigen US-Fernsehserie. Er ist nicht nur der kinderfreundliche, leicht neurotische Sunnyboy, sondern zugleich durch den Einfluss seines »Dark Passenger« ein Serienkiller, der durch seine eigene Werteauffassung dem Zuschauer äußerst sympathisch erscheint. Genauso dunkel

---

[12] Um keine falschen Fakten zu verbreiten: In diesem und den nächsten Beispielen handelt es sich nicht um »multiple Persönlichkeitsstörungen«. Vielmehr werden Verhaltensmuster dargestellt, die im Rahmen einer psychopathologischen Diagnostik wahrscheinlich dem Bereich der Persönlichkeitsstörungen zuzuordnen wären.

ist auch die Darstellung von Nathalie Portman in »Black Swan«, für die sie einen Oscar erhalten hat und durch die man die Zerrissenheit zwischen der schwarzen Odette und der weißen Odile intensiv nachvollziehen kann. Schwarzer Schwan und weißer Schwan – wieder einmal zwei Seelen, die in der einen Seele der Primaballerina verankert sind.

Oder widmen Sie sich aus dieser Perspektive dem umfassenden Kosmos der Superhelden. Hier finden Sie zahlreiche Beispiele, wie unterschiedliche »Teilpersönlichkeiten« in einer Person zu ganz unterschiedlichen Eigenschaften, Charakterzügen und Verhaltensweisen führen. Sind Clark Kent und Superman oder Peter Parker und Spiderman oder Bruce Wayne und Batman oder Bruce Banner und Hulk oder … nicht doch recht verschiedene »Masken« derselben Person? Noch dazu sind die Figuren so pointiert und stereotyp dargestellt, dass es für einen Persönlichkeitsfan eine wahre Lust ist, sich mit diesen bunten Bildern zu umgeben. Ob Kino oder Comic, überlasse ich Ihnen.

Bleiben wir noch etwas in der bunten Welt von Hollywood – vielleicht schauen Sie sich Ihre nächste DVD ja dann mit ganz anderen Augen an. 1999 brachte David Fincher mit »Fight Club« die fesselnde Darstellung einer multiplen Persönlichkeitsstörung in die Kinos. Ein Unfallgutachter (Edward Norton), der sein eintöniges und von grauenvollen Unfallszenen begleitetes Leben hasst, trifft auf einem Flug den exzentrischen Seifenvertreter Tyler Durden (Brad Pitt). Gemeinsam gründen sie den »Fight Club«, in dem Männer nach der Devise »Es gibt keine Regeln« miteinander kämpfen und sich im weiteren Verlauf zu einer terroristischen

Vereinigung zusammenschließen. Erst am Ende des Films wird deutlich, dass es sich bei den beiden Hauptcharakteren um zwei Persönlichkeiten innerhalb ein und derselben Person handelt. Jeder steht für bestimmte Eigenschaften und Charakterzüge, die den anderen jeweils ausgrenzen. Es tut mir leid, wenn Sie den Film noch nicht kennen sollten und ich Ihnen jetzt die Pointe versaut habe – er ist allerdings so gut, dass Sie ihn auch getrost mit diesem Wissen anschauen können. Es lohnt sich.

Ein weiteres Beispiel für die Darstellung einer multiplen Persönlichkeitsstörung ist die Fernsehserie »United States of Tara«. Toni Colette spielt Tara, Ehefrau und Mutter einer fünfzehnjährigen Tochter und eines dreizehnjährigen Sohnes. Nach Jahren der Unterdrückung ihrer Teilpersönlichkeiten entschließt sich Tara, diese kennen zu lernen und ihnen auf den Grund zu gehen. Das wird für die ganze Familie zur Herausforderung, teilweise zum Kampf und ab und an zur Bereicherung. Kommt Tara in eine angstbesetzte, beklemmende Situation, dann reichen ihre Möglichkeiten nicht mehr aus, um in dieser Situation zu bestehen. Also kommt eine ihrer anderen drei Teilpersönlichkeiten zum Vorschein, und Tara tritt in den Hintergrund. Bei diesen Parallelpersönlichkeiten handelt es sich um »T«, einen pubertierenden Teenager, »Buck«, einen Biker und Vietnamveteranen, und »Alice«, eine brave Hausfrau im Stil der fünfziger Jahre. All diese Teilpersönlichkeiten stehen für bestimmte Stärken und Schwächen Taras. So kann »T« ohne Rücksicht auf Verluste ihre Launen und erotischen Teenagerfantasien ausleben, während »Alice« nach außen perfekt gestylt den Kochlöffel schwingt und mit einer Runde Cookies alles gutzumachen versucht. Wird es brenzlig, kommt »Buck« und verprügelt kurzerhand den übergriffigen Lover ihrer Tochter. Ein bunter Reigen, der am Ende kaum aufs Familienfoto passt.

Genauso ist es auch mit den Anteilen unserer eigenen Persönlichkeit, selbst wenn sie »nur« ganz »normal« ausgeprägt sind und uns nicht in engeren Kontakt mit psychiatrischen Kliniken oder den Wundern der modernen Pharmaindustrie bringen.

Da ich nun hoffentlich für ausreichend Lesestunden und Videoabende bei Ihnen zu Hause gesorgt habe, erspare ich Ihnen für den Moment weitere Schreibarbeit. Wenn Sie den Fernseher wieder ausgeschaltet haben, können wir uns im nächsten Abschnitt den mystischen und religiösen Interpretationen der Persönlichkeit zuwenden. Auch die sind außerordentlich vielfältig.

Göttinnen und Götter

Eine Religion ist immer auch Ausdruck des Welt- und Menschenbildes ihrer Anhänger und ermöglicht insofern Interpretationen von deren Vorstellung von Persönlichkeit.[13]

---

[13] Eines möchte ich gleich zu Beginn dieses Kapitels verdeutlichen: Ich habe nicht die Absicht, die religiösen Überzeugungen oder den Glauben meiner Leserinnen und Leser in irgendeiner Form zu verunglimpfen. Dieses Buch gibt meine Vorstellungen von Mensch, Welt und in diesem Fall auch Religion wieder. Sollten Sie anderer Auffassung sein, so freue ich mich, wenn Sie meinen Überlegungen kritisch gegenübertreten.

Beginnen wir beispielsweise mit Gottheiten aus polytheistischen Religionen, also Glaubensrichtungen mit zahlreichen unterschiedlichen Gottheiten wie etwa in der germanischen, griechischen oder römischen Mythologie.

Der bereits erwähnte britische Psychologe und Psychotherapeut John Rowan erkennt in diesen Göttinnen und Göttern mit ihren spezifischen Fähigkeiten und Lastern nicht nur ziemlich menschliche Charakterzüge. Er interpretiert vielmehr, dass die Vertreter des Walhall, des Olymp oder von wo auch immer sie kommen mögen, Projektionen unterschiedlicher Persönlichkeitsanteile des Menschen darstellen. Demnach haben unsere Vorfahren für die unterschiedlichsten Facetten menschlichen Handelns stereotype Abbilder geschaffen. Beispielsweise Zeus, der ehemalige Wettergott und anschließende Herrscher des Olymp, ist als Beschützer und Richter, aber auch als Frauenheld und Liebhaber bekannt – ähnliche Funktionen haben Jupiter in der römischen oder Thor in der germanischen Mythologie. Oder Athene/Minerva, deren Attribute sowohl Jungfräulichkeit und Weisheit als auch den »besonnenen Kampf« in ihrer Funktion als Kriegsgöttin in den Vordergrund stellen. Janus, der Zweigesichtige, verkörpert als Gott von Anfang und Ende des Tages in der römischen Mythologie in sich das Bild verschiedener Aspekte einer Persönlichkeit, wenn auch auf zwei Seiten beschränkt – oder anders ausgedrückt: die typisch menschliche Eigenschaft der Ambivalenz.

Das waren erst ein paar wenige Beispiele aus dem unbeschreiblich großen göttlichen Kosmos. Deren individuelle

Eigenschaften ermöglichen eine starke Identifikation und verdeutlichen die Vielfalt menschlicher Wesenszüge. Das Gleiche gilt für die zahlreichen Götter des Hinduismus, des Buddhismus und all der Religionen, von denen ich oder vielleicht auch Sie noch nichts gehört haben – sie können ebenfalls als Abbild menschlicher Persönlichkeitsaspekte interpretiert werden.

Nicht zuletzt wird durch diese Interpretation theologischer Vorstellungen deutlich, dass ein einziger Charakterzug nicht ausreicht, um in unserer Welt zu bestehen. Erst die Kombination der vielen in einem Himmelreich beziehungsweise in einer Person ermöglicht sicheres und erfolgreiches Handeln – im einen Fall im Himmel, im anderen auf Erden.

Monotheistische Religionen wie etwa das Christentum verkörpern im Gegensatz zu vielgöttlichen Mythologien unter anderem die Sehnsucht des Menschen nach Einheit. Allerdings finden sich auch bei Überzeugungen eines einzigen Gottes (beziehungsweise einer Göttin) ambivalente Tendenzen wie beispielsweise im schaffenden und zugleich zerstörenden, im strafenden und zugleich liebenden Gott. Nicht zuletzt kann man die Dreifaltigkeit von Vater, Sohn und Heiligem Geist mit ihrer Aufgabenteilung und dazu die Verehrung der zahlreichen Engel und Heiligen in der katholischen Kirche als gewissen Polytheismus auslegen: Jeder Beruf, jede Tätigkeit und sogar fast jeder Name hat einen eigenen Schutzpatron. Wenn Gläubige durch Fürbitten die Hilfe dieser Heiligen ersuchen, dann wird dadurch auch an bestimmte eigene Eigenschaften appelliert, die »stellvertretend« von einer außenstehenden Kraft aktiviert werden sollen.

In der Psychologie nennt man diese Vorgänge »sich selbst erfüllende Prophezeiungen«. Das bedeutet, dass eine Situation aufgrund der Tatsache eintritt, dass diejenigen, die diese Vorhersage getroffen haben, daran glauben. Diesen Effekt können Sie ganz einfach überprüfen: Wenn Sie das nächste Mal auf eine Ihnen unbekannte Person treffen, beispielsweise die Kassiererin im Supermarkt oder den Zeitungsverkäufer, dann stellen Sie sich im ersten Schritt vor, diese Person wäre sehr freundlich – oder wenn Ihnen das leichter fällt, verschicken Sie ein kurzes Stoßgebet mit der innigen Bitte, dass dies ein glückliches Zusammentreffen werden möge. Im nächsten Schritt verhalten Sie sich, wie Sie sich einer freundlichen Person gegenüber verhalten würden – Sie wissen schon: lächeln, grüßen, »Bitte« und »Danke« sagen. Und siehe da: Mit hoher Wahrscheinlichkeit wird das Gegenüber tatsächlich freundlich sein.

Glauben Sie mir, das klappt. Zumindest in der Mehrheit der Fälle. Lassen Sie sich also nicht abschrecken, wenn es nicht gleich bei der ersten Kassenkraft funktioniert. Und versuchen Sie es besser nicht im morgendlichen Berufsverkehr einer überfüllten U-Bahn – hier könnte es paradoxe Effekte geben.

Meistens machen wir solche Prophezeiungen eher in die andere Richtung, also wenn wir jemanden im Vorhinein als doch nicht so nett einschätzen. Aber das ist jetzt wieder mal eine andere Geschichte. Im religiösen Kontext passt jedenfalls die Volksweisheit »Hilf dir selbst, dann hilft dir Gott«.

Ganz sicher passieren dann doch ab und an echte Wunder.

Mehr zu dieser Deutung der Religionen und ihrem Bezug zur menschlichen Persönlichkeit findet sich bei David L.

Miller, einem ehemaligen Professor für Religionswissenschaften. Er nutzt für die Vielgestaltigkeit der Persönlichkeit den Begriff *polymorphism*[14]. Miller greift Überlegungen zur Zweigestaltigkeit sowie zur Einheit von Körper und Seele, von Physis und Psyche, auf und entwickelt daraus Ansichten über den Aufbau der Persönlichkeit.

Im nächsten Schritt verknüpft er diese Überlegungen mit Beschreibungen von Göttern. Miller schreibt: »Diese Götter und Göttinnen leben durch unsere psychischen Strukturen, sie werden durch die fundamentale Natur unserer Existenz erschaffen und manifestieren sich selbst immer in unserem Verhalten« (Miller 1974, S. 59). Egal, was wir anbeten, in seinem Verständnis geht es immer auch ein bisschen um uns selbst, wenn wir an höhere Mächte appellieren: »Wir sind die Spielwiese eines ordentlichen Theaters voll mit Göttern und Göttinnen. … Unsere Aufgabe ist es, deren Inkarnation zu sein, uns Ihrer Präsenz bewusst zu werden sowie ihre verschiedenen Ausprägungen zu zelebrieren.«

Auch Carl Gustav Jung bezog sich übrigens in seinen Schriften häufig auf religiöse Themen und Motive. Über seine Sicht des Zusammenhangs von Persönlichkeit und Religion schreibt er: »Die Sonne muß in ihrer Wandlung das Schicksal eines Gottes oder Helden darstellen, der, im Grunde genommen, nirgends anders wohnt als in der Seele des Menschen« (Jung 1976, S. 16). Umgekehrt können uns diese Bilder, Vorstellungen und Geschichten, die wir rund um das entwickeln, woran wir glauben, einen

---

[14] Vom altgriechischen *polymorphía* für »Vielgestaltigkeit«.

»magischen Schutz gegen das unheimlich Lebendige der Seele verleihen«.

Großartig, oder?

Zu allen Zeiten, sicher auch schon vor den großen Weltreligionen, haben sich Menschen mit Spiritualität befasst, dementsprechende Welt- und Menschenbilder formuliert und religiöse Kulte entwickelt. Ein Beispiel für eine jahrtausendealte Kultur, die im Europa des Mittelalters jedoch von kirchlichen Bewegungen unterdrückt und großenteils beendet wurde, ist der Schamanismus. Einen spannenden Überblick gibt der Anthropologe Michael Harner, der rund um den Weltenbaum Yggdrasil die Tänze und auch die »Krafttiere« der Schamanen beschreibt. Diese Krafttiere können auf der Bühne meines Persönlichkeitsmodells ebenfalls als Metapher für innere Anteile verstanden werden.

So stünde beispielsweise der »Kojote« für »boshaftes Verhalten« oder der »Rabe« für »Abhängigkeit vom anderen«. Weitere Vertreter dieser Krafttiere oder auch »Schutzgeister« sind unter anderem Adler, Bären, Rentiere, Fische oder Wölfe. Nach schamanischer Auffassung können diese durch Meditation oder Trance in den »Besitz des Schamanen« kommen und so als sein Alter Ego fungieren, »wodurch dem Schamanen die Kraft der Transformation […] in das Krafttier und umgekehrt« übertragen wird (Harner 1999, S. 101).

Diese Vorstellung von Persönlichkeitsanteilen unterscheidet sich ähnlich wie die Heiligenanbetung insofern von dem Modell, das ich Ihnen vorstelle und erkläre, als dass der

Schutzgeist von außen zu oder in den Menschen kommt.
Die Vorstellung von eigenständigen Geistern hat in der
schamanischen Wirklichkeit eine so große Bedeutung, dass
meine laienhaften Interpretationsversuche für Schamanen
beliebig erscheinen müssen. Dies dürfte auch für Anhänger der erwähnten Religionen der Fall sein, und beides ist
auch gut so. Ich glaube eben, dass die Vorstellung, boshaftes Verhalten/der Kojote käme von außen und nicht aus mir
selbst heraus, deutlich leichter zu ertragen ist. Oder sind
Sie gern selbst schuld daran, wenn Sie die anderen vergrau-
len? Wäre es da nicht einfacher, wenn eine außenstehende
Macht, ein Krafttier oder Geist Sie zu diesem Verhalten verleitet hätte?

Ein einprägsames Bild besteht in der Auffassung des Schamanismus von psychischen Störungen. Wenn unsere Psyche
beeinträchtigt ist, schreibt beispielsweise die amerikanische
Psychotherapeutin Sandra Ingerman, dann komme es zu
einem »Seelenverlust«. Dies sei die Folge, wenn »Teile der
Seele verloren gegangen sind oder gestohlen wurden« (Ingerman 2008, S. 243 f.).

Unabhängig davon, ob man das Bild von äußeren Krafttie-
ren oder inneren Anteilen nutzt, finde ich diese Vorstellung
äußerst inspirierend. Zudem glaube ich, auch viele meiner
Leserinnen und Leser können von Situationen berichten, in
denen sie ein Gefühl hatten, als seien sie *nicht ganz vollständig*
oder *nicht ganz rund*. In der schamanischen Vorstellung wird
dieser frei gewordene Raum durch Geistwesen eingenom-
men, die dann möglicherweise unangenehme Folgen her-
vorrufen. Heilung gelingt, indem der Betroffene durch die

Hilfe des Schamanen wieder Kontakt zu seinem verlorenen Krafttier findet und dieses zu sich holt – die »Seelenrückholung«.

Starke Bilder, die sich vergleichbar in anderen theologischen und philosophischen Kontexten wiederfinden. So beschreibt die thailändische Kultur das *khwan,* die Seele, als aus 32 Teilen bestehend, die in verschiedenen Teilen des Körpers leben. Auch der buddhistische Glaube an Reinkarnation, in dem die Seele sich in unterschiedlichsten physischen Daseinsformen wiederfindet, zeugt von einem Bild der vielgestaltigen Struktur der Persönlichkeit.

Vielleicht haben Sie nach diesem Kapitel wieder ausgiebig Lust bekommen, in die Kirche, den Tempel, den Aschram oder zum Kraftbaum zu gehen und sich mit den vielen aufregenden Gedanken und Gefühlen zu beschäftigen, die dort gedacht, gesprochen und diskutiert werden. Machen Sie das und nehmen Sie – für alle Fälle – Ihr Buch mit. Es wird Ihre Persönlichkeit bereichern.

Jetzt wird es für uns aber Zeit, dass wir uns von der geist*lichen* auf die geist*ige* Ebene begeben – falls man diesen Unterschied wirklich ernsthaft machen kann.

Kritiker und Denker

Die Philosophie ist in vielen Aspekten *rationaler* Vordenker *empirischer* Wissenschaften. Sie hat jahrhundertelang ihre Erkenntnisse durch *Überlegungen* erlangt, wohingegen Wissenschaften wie die Psychologie die *Beobachtung* in den Vordergrund ihres Erkenntnisgewinns stellen. Wenn man genau hinsieht, wird man allerdings merken, dass der Unterschied nicht so riesig ist, wie häufig behauptet wird, beziehungsweise die Erkenntnisse der Philosophie auch in psychologischen Erkenntnisprozessen eine wertvolle Bereicherung darstellen. Wahrscheinlich auch umgekehrt, aber das müsste jetzt ein Philosoph beantworten.

Warum erzähle ich Ihnen das, wo es hier doch um Persönlichkeit und nicht um Wissenschaftsdisziplinen geht? Zum einen, weil sich die Philosophie beziehungsweise deren Vertreter schon seit langer Zeit Gedanken darüber machen, wer wir sind. Es ist daher also äußerst geschickt, sich mit einigen dieser Überlegungen zu beschäftigen, um die eigenen auszuschmücken. Zum anderen möchte ich dadurch verdeutlichen, dass die Vorstellung von der vielgestaltigen menschlichen Persönlichkeit schon eine sehr lange Tradition hat.

Platon als einer der bedeutendsten Vertreter der klassischen griechischen Philosophie beschreibt im 4. Jahrhundert v. Chr. die Seele des Menschen durch einen hierarchischen, dreigliedrigen Aufbau (Sie erinnern sich: Hölle, Erde, Himmel – Es, Ich, Über-Ich), wobei sich auf jeder Ebene zwei Verhaltensweisen gegenüberstehen: die *Tugenden,* die unsere treibenden Kräfte darstellen, und ihre *Gegenspieler,* die uns dazu veranlassen, nicht so zu handeln, wie wir es eigentlich nach reiflicher Überlegung getan hätten.

Ich schätze, dass nicht nur Platon, sondern auch Sie selbst schon ähnliche Beobachtungen gemacht haben, oder?

Suchen Sie sich einen beliebigen Ihrer inneren Anteile aus – egal, ob Sie diesen positiv oder negativ bewerten. Schreiben Sie ein paar seiner Eigenschaften auf.

Dann überlegen Sie sich, welchen Gegenspieler, Widersacher, Kontrahenten er in Ihrem Haus der Persönlichkeit hat. Sie werden sicher einen finden. Beschreiben Sie auch dessen wichtigste Eigenschaften.

Und nun gehen Sie ein Stück über Platons Ansichten hinaus: Sie werden bei beiden Anteilen Elemente finden, die eher erstrebenswert sind, und solche, auf die Sie nicht sonderlich scharf sind. Sollte das an dieser Stelle nicht gelingen, blättern Sie noch mal zurück ins 5. Kapitel zu den Ausführungen über Ressourcen und Risiken – und natürlich Ihren Notizen.

Zurück zu Platons Beispiel. Die unterste Ebene der Seele ist bei ihm der Bereich der Begierde, die durch die Tugend der *Mäßigung* gezügelt werden kann. Auf der mittleren Ebene befindet sich der Mut, der die Tugend der *Tapferkeit* hervorbringt. Die oberste Ebene der Seele ist der Bereich der Vernunft mit der *Weisheit* als daraus folgender Tugend. Als Gegenspieler zu diesen drei »Primärtugenden« fungieren *Unmäßigkeit, Feigheit* und *Unwissenheit.* Platon schließt daraus, dass es in jedem Menschen verschiedene Instanzen gibt, die sein Tun beeinflussen.

Diese inneren Tendenzen werden wiederum von äußeren

Situationen beeinflusst – womit wir einen Hinweis auf die Sozialisation im Rahmen der Persönlichkeitsentwicklung hätten. So beschreibt Platon im »Beispiel vom Durst«, dass wir, wenn es uns dürstet, zwar im Allgemeinen das Verlangen nach Flüssigkeit haben, aber eben nicht immer dasselbe haben wollen, um diesen Durst zu stillen (vgl. Platon 1950, Buch IV/439 f.). Wer kennt es nicht, dass man sich in der dicken Weinkarte des tollen Restaurants verliert? Das Gleiche gilt allerdings auch für unsere anderen Bedürfnisse – egal, auf welcher Seelenebene sich diese nun befinden mögen.

Platon zufolge kann man, wenn man die Primärtugenden erfüllt, die vierte und wichtigste Tugend erreichen: die *Gerechtigkeit.* Um das zu schaffen, müsste unsere Seele es allerdings schaffen, »gut zu handeln«. Interessant für meine Vorstellung von Persönlichkeit ist an dieser Stelle Platons Verständnis des »guten Handelns«. Er schreibt nämlich, dass dabei *sowohl* das Wohlergehen aller anderen Menschen *als auch* die eigenen Bedürfnisse kombiniert werden müssten. Wir könnten also nur dann die höchste Tugend erreichen, wenn wir mit uns *und* der Welt im Einklang sind.

Platon beschreibt den Menschen nicht nur als ein soziales Wesen, das durch Sozialisation gestaltet wird, sondern auch als Wesen, das in verschiedenen Situationen unterschiedlich agieren und reagieren muss. Das situationsgerechte Verhalten wird sowohl durch die Vielfalt äußerer Situationen als auch durch unsere innere Vielfalt bedingt. Um erfolgreich zu existieren, muss diese innere Vielfalt bei Platon in eine »gute Gestalt« gebracht werden.

Ausgeglichenheit, Balance, innere Harmonie oder wie immer man es bezeichnen mag, sind also schon bei Platon zentrale Aufgaben für ein erfolgreiches, glückliches Leben.

Platons Schüler Aristoteles übernimmt dessen Annahme, dass das höchste Ziel des Menschen das Streben nach Glück beziehungsweise »Glückseligkeit« sei (vgl. Aristoteles 1991, 1095/18). Dieses Glück sei im Gegensatz zu Platons Auffassung nicht in einem unveränderlichen, weil von der Natur vorgegebenen Sinn zu verstehen, sondern individuell und bei jedem Menschen unterschiedlich. Allerdings prangert Aristoteles diesen Individualismus des menschlichen Glücks an, den er im Sinne der *Freude des Augenblicks* versteht. Es sei eine Schwäche des Menschen, dass nicht jeder Mensch das eigentlich höchste Glück verfolge, nämlich das Streben nach Erkenntnis aus der Vernunft heraus, wie es das Ziel der Philosophen sei. In Aristoteles' Verständnis ist die Glückseligkeit das »Leben in der Betätigung des vernunftbegabten Teiles«. Die *Vernunft* ist in seinem Verständnis der Anteil der Persönlichkeit, der den Menschen von anderen Lebewesen unterscheidet. Andere *Anteile des Geistes,* die dianoetischen[15] Tugenden, sind künstlerische Fähigkeit, Wissen, praktische Einsicht oder Weisheit (ebenda, 1139b/16/17). *Anteile des Charakters,* die ethischen Tugenden, sind unter anderem Tapferkeit, Selbstbeherrschung, Freigebigkeit, Sanftmut, Gerechtigkeit oder Freundschaft.

---

[15] Vom altgriechischen *dianoétikós* für »denkend, den Verstand betreffend«.

Wie steht es denn eigentlich um Ihre höchsten Ziele?
Geht es Ihnen mehr um Glückseligkeit? Um die Vernunft? Oder
doch mehr um die Erkenntnis? Oder vielmehr um den Sinn? Oder
um etwas ganz anderes?
Zeichnen Sie sich Ihre aktuelle Ziele-Pyramide:

- einfach ein großes Dreieck in Ihr Buch zeichnen (das sollte eine ganze Seite ausfüllen).
- Im nächsten Schritt sammeln Sie zunächst auf einem Notizzettel, welche Ziele Sie erreichen beziehungsweise welche Bedürfnisse Sie befriedigen wollen.
- Dann übertragen Sie diese Liste in Ihr Dreieck. Dabei sollten die Aspekte, ohne die Sie kaum leben können, eher unten, diejenigen, die Sie vermissen würden, eher in der Mitte, und diejenigen, die Sie irgendwann erreichen wollen, ganz oben in der Pyramide stehen.
- Am besten machen Sie das mit Bleistift – es könnte sein, dass Sie zwischendurch neu ordnen und radieren müssen.

Nicht die Vernunft, sondern der *Ehrgeiz (ambizione)* ist bei Niccolò Macchiavelli die Triebfeder des Menschen – um einen Sprung ins 15. Jahrhundert und in die Philosophie des ausklingenden Mittelalters zu machen. Dementsprechend ist Macchiavellis Menschenbild eher negativ geprägt, da man »davon ausgehen muss, dass alle Menschen schlecht sind und dass sie stets ihren bösen Neigungen folgen, sobald sie Gelegenheit dazu haben« (Macchiavelli 1977, S. 17). Es sei demnach der Naturzustand des Menschen, dass er unzufrieden und ständigen Ambivalenzen ausgesetzt sei. Im Rahmen der Entstehung einer politischen, gesellschaftlichen Ordnung – laut Machiavelli die einzige Möglichkeit, die *ambizione* des Menschen unter Kontrolle zu halten – findet sich ein ambivalentes Paar an Handlungsbedingungen in *fortuna,* dem »Schicksal«, und in *virtu,* »Tapferkeit, Mut, Klugheit«. Welches dann überwiegt, sei einerseits von der Person, vor allem aber von der gesellschaftlichen Situation, ihren Werten, Regeln und Gesetzen abhängig. Ob wir also eher einen schicksalsergebenen, passiven oder einen mutigen, aktiv handelnden »Charakter« haben, liege auch an den äußeren Umständen.

Eine gänzlich andere Vorstellung vom Menschen hat dagegen Jean-Jacques Rousseau im 18. Jahrhundert, ein französischer Philosoph im Zeitalter der Aufklärung. Der Mensch sei demnach in seinem Urzustand von Natur aus *gut* und durch Gesellschaft und Erziehung veränder- und wandelbar. Diese Überlegung zum Urzustand des Menschen unterstützt die Vorstellung, dass alle unsere Eigenschaften, alle unsere Persönlichkeitsanteile, eine Ressource darstellen. Wirklich *alle.* Das habe ich in den letzten Kapiteln ja schon ganz ausführlich verdeutlicht. Als soziales Wesen befindet sich der Mensch laut Rousseau jedoch in einem dauerhaften Konflikt zwischen seinem Einzelwillen *(volonté particulière)* und dem Willen aller anderen Menschen *(volonté de tous).* Der immer wiederkehrende Zwiespalt, ob ich das machen möchte, was ich will, oder das, was die anderen wollen, gestaltet demnach unser Leben lang die Persönlichkeit. Das ist zwar leider ziemlich anstrengend, aber immerhin ermöglicht uns das auch immer wieder, uns zu verändern. Also sollten Sie genau genommen dankbar sein, wenn Sie das nächste Mal gerade schlafen wollen, während die Mehrheit Ihrer Nachbarn lautstark beim Entscheidungsspiel mitjubelt. Denn in diesem Moment können Sie sich entscheiden, ob Sie mit dem Besenstiel an die Decke klopfen oder doch die Fahne schwenken und mitfeiern.

Oder Sie nehmen wieder mal Ohropax.

8.

Das Selbst – Ein starker Hausherr

Auch wenn ich ihn immer wieder ins Spiel gebracht habe, bisher war der Chef des inneren Teams in meinen Ausführungen eher eine Randfigur. Es wird daher höchste Zeit, sich diesem inneren Zentrum zu nähern und für den Moment in den Vordergrund zu stellen.

Wie schon erwähnt, wird die Auseinandersetzung mit dem »Großen Vorsitzenden« der Persönlichkeit begrifflich dadurch erschwert, dass *Persönlichkeit, Identität, Charakter, Seele* oder *Selbst* in unterschiedlichen Quellen ähnlich verstanden werden. Damit Sie und ich vom Gleichen sprechen, erscheint mir eine erneute Abgrenzung notwendig. Um es auf den Punkt zu bringen:

das Selbst.

So bezeichne ich den zentralen Schalter und Verwalter in der Persönlichkeit.

Allerdings bleibt das Wesen des Selbst in gewisser Weise eine Blackbox: Was das Selbst genau ist, kann ich Ihnen nicht sagen. Es lässt sich nicht in einer bestimmten Gestalt beschreiben oder definieren, sondern nur durch die *Funktionen und Aufgaben,* die es für unsere Persönlichkeit übernimmt.

Friedemann Schulz von Thun beschreibt sechs Aufgaben im Tätigkeitsprofil des Selbst als »Führungskraft des inneren Teams«, die ich Ihnen kurz vorstellen möchte (vgl. Schulz von Thun 2004, S. 70):

- *Kontrolle:* Das Selbst hat die Aufgabe, dafür zu sorgen, dass wir uns nicht in jeder Situation impulsiv und wie der Elefant im Porzellanladen verhalten. So anstrengend diese Selbstbeherrschung zuweilen sein kann, so hilfreich ist sie gerade dann, wenn wir im Kontakt mit anderen Menschen sind.
- *Moderation:* Das Selbst sorgt dafür, dass in inneren Teambesprechungen jeder Anteil drankommt, der etwas sagen möchte, und auch mal über den Tellerrand der Persönlichkeitsanteile hinausgedacht wird.
- *Integration:* Das Selbst steht vor der anspruchsvollen Herausforderung, einen Haufen einzelner Anteile zu einem ganzheitlichen Team zusammenzuführen. Nur dann können die Ressourcen der Einzelnen gemeinsame Synergieeffekte entwickeln, und aus dem Ganzen kann mehr als die Summe seiner Teile werden. Dazu gehört auch, den ein oder anderen Außenseiter mit ins Boot zu holen, selbst wenn sich andere dagegen sträuben.
- *Konfliktmanagement:* Nicht selten kommt es zum Streit unter den Teammitgliedern der Persönlichkeit. Hier ist es Aufgabe des Selbst, abzuwägen und vor allem die

zerstrittenen Widersacher wieder näher zueinanderzubringen.

- *Personal- und Teamentwicklung:* Zum Job des Selbst gehört es, jedes Mitglied seines Teams individuell zu fördern. Auch wenn ein Anteil seine Arbeit seit Jahren gewinnbringend für die Persönlichkeit verrichtet, kann es notwendig werden, dessen Basiskompetenzen durch einen Auffrischungskurs auf den neuesten Stand zu bringen.
- *Personalauswahl und Einsatzleitung:* Nicht zuletzt ist das Selbst für das Anwerben neuer Mitglieder zuständig und muss für jede neue Aufgabe die passende Mannschaft zusammenstellen.

Wie Sie vielleicht gemerkt haben, sind die Anforderungen an das Selbst nicht sonderlich zu unterscheiden von denen an eine moderne Führungskraft. Das Aufgabenspektrum ist vielfältig und mitunter ziemlich anstrengend. Sie sollten also Ihren inneren Vorstandsvorsitzenden pfleglich behandeln, damit er möglichst kraftvoll seinen Aufgaben nachkommen kann. Und genau wie Manager im echten Leben, die das mit dem Führen auch nicht in die Wiege gelegt bekommen haben, sollten Sie Ihr Selbst immer wieder mal in ein Training schicken.

Obwohl – das machen Sie ja gerade, indem Sie dieses Buch durcharbeiten.

Handlungsfähig ist das Selbst nach Schulz von Thun dann, wenn es eine »souveräne Metaposition« wahrt, also »das Oberhaupt wirklich ›über dem Ganzen‹ steht und sich nicht im Getümmel der Gegensätze parteilich verstrickt« (ebenda, S. 104).

Ähnlich wie in gut eingespielten Fußballteams sollten daher für Standardsituationen keine langwierigen Beratungen und Verhandlungen unter den einzelnen Persönlichkeitsanteilen notwendig sein. Alltagsabläufe werden immer wieder eingeübt, sodass schnell und adäquat reagiert werden kann. »Ich schätze, mehr als 95 Prozent aller Situationen, auf die wir zu reagieren haben, sind Standardsituationen, für die wir prinzipiell eine innere Teamkonferenz bereits durchgeführt haben«, so Schulz von Thun (ebenda, S. 82). Probleme entstünden dann, wenn entweder die Situation unbekannt ist und dementsprechend erst die Teamaufstellung angepasst werden muss oder wenn »Stammspieler« für diese Situation nicht verfügbar sind.

Eine wichtige Voraussetzung für Entwicklungsprozesse unserer Persönlichkeit ist unter anderem ein stabiler und hoher *Selbstwert.* Die geringe Wertschätzung unserer eigenen Person kann eine Weiterentwicklung hemmen und löst nicht selten innere Konflikte aus. Ein hoher und stabiler Selbstwert sollte daher das Ziel einer jeden Persönlichkeitsentwicklung sein.

Es ist wirklich faszinierend, wie viele Aspekte unserer Psyche von unserem Selbstwert abhängig sind. Wenn dieser angegriffen oder erniedrigt ist, sind wir nicht annähernd so handlungsfähig, wie wir es eigentlich sein könnten. In den Worten meines Persönlichkeitsmodells hieße das, dass das Selbst nicht so agieren kann, wie es sollte. Wichtige Aufgaben zur Gestaltung der Persönlichkeit und der Nutzung der eigenen Ressourcen kann es nicht in vollem Maße ausführen, wenn der Selbstwert eingeschränkt ist.

Für die Entwicklung Ihrer Persönlichkeit ist es also dringend notwendig, dass Sie Ihren Selbstwert stabil auf einem hohen Niveau halten. Dabei helfen unter anderem Komplimente, Lob oder Liebeserklärungen. Sollten Sie von alldem in letzter Zeit zu wenig bekommen haben, dann versuchen Sie das erst einmal »einzufordern« und lassen Sie sich von Freunden, Partnern, Kollegen ruhig mal wieder sagen, wie toll Sie sind! Wenn Sie's nicht übertreiben, wird es für beide Seiten eine schöne Erfahrung, und Sie sind bereit für den nächsten Entwicklungsprozess.

Allerdings ist auch hier eine gewisse Balance entscheidend. Wenn Sie Ihren Selbstwert über Gebühr nach oben treiben, dann kann es schnell passieren, dass Sie sich selbst überschätzen. Dann passt Ihre Einschätzung der Ressourcen Ihrer Anteile nicht mehr zu deren tatsächlichen Möglichkeiten. In der Folge kann es dann sein, dass Sie vor lauter Enttäuschung noch tiefer fallen. Das ist allerdings dann kein Problem, wenn Sie über noch ausreichend Selbstwert verfügen, um schnell wieder in den Sattel zu steigen. Vielmehr sind Sie um eine Erfahrung reicher und wissen wieder ein bisschen mehr, wo Ihre Grenzen liegen.

Umgekehrt kann ein zu niedriger Selbstwert dramatische Auswirkungen auf Sie und Ihre Persönlichkeit haben. Wenn der Selbstwert dauerhaft erniedrigt ist, aus Regentagen der Seele ganze Regenzeiten werden, dann können Sie irgendwann auch nicht die geringsten Ressourcen Ihrer Anteile aktivieren, trauen sich nicht die kleinste Herausforderung zu und fallen von einem Loch ins nächste.

Im Rahmen des in der letzten Zeit (zu) viel diskutierten Burn-out-Syndroms, also jenem verhängnisvollen Gefühl des »Ausgebranntseins«, das zu innerer Leere, dauerhafter

Erschöpfung und Hoffnungslosigkeit führt, gibt es einen deutlichen Verweis auf den erniedrigten Selbstwert. Man spricht in solchen Fällen mitunter von einer *ego-depletion,* einer »Selbst-Erschöpfung«, wenn der Betroffene zu kaum einer Handlung mehr fähig ist.

Im Rahmen meines Persönlichkeitsmodells kann man diesen Zustand folgendermaßen verstehen: Das Selbst ist in diesem Falle so erschöpft, kraft- und mutlos, dass es keine Entscheidungen mehr treffen kann. Es verliert die Kontrolle über die Persönlichkeitsanteile und kann nicht mehr adäquat auf einzelne Situationen reagieren. Die Anteile werden nicht gezielt in eine bestimmte Mannschaftsaufstellung gebracht, sondern machen, was sie wollen – oder eben auch nicht. Sie sind führungs- und orientierungslos, probieren mal das eine oder andere aus, aber ohne jeglichen Bezug zu ihrer eigentlichen Aufgabe und schon gar nicht in konstruktiver Abstimmung mit den anderen Anteilen.

Ist es erst so weit gekommen, wird schon das tägliche Brötchenkaufen zum tagesfüllenden Kraftakt. Die Steuererklärung vom vorletzten Jahr zu erledigen, sich mit Freunden zu verabreden oder auch nur den Kleiderschrank aufzuräumen sind dann schier unüberwindbare Hindernisse. Man erlebt sich von Tag zu Tag mehr als einzige Enttäuschung – was auch nicht unbedingt hilfreich ist, um den Selbstwert wieder ein klitzekleines bisschen anzuheben.

Dass so ein Zustand, der nicht nur ein paar Tage, sondern wochen- und monatelang andauert, unglaublich belastend für die Betroffenen ist, habe ich in vielen Coaching- und Therapiegesprächen erleben können. Und mir wurde einmal mehr deutlich, wie wichtig ein stabiler, hoher Selbstwert für eine einsatzstarke Persönlichkeit ist.

Aus diesem Grund möchte ich Sie nun noch mit ein paar Strategien vertraut machen, die wir Menschen gerne einsetzen, um einem erschöpften Selbst zuvorzukommen. Manche davon sind Ihnen möglicherweise schon bekannt, manche regen vielleicht Ihre Fantasie an.

Wenn etwas gut gelaufen ist, dann ordnen Sie dieses Ergebnis mit hoher Wahrscheinlichkeit eher sich selbst zu, im umgekehrten Falle schieben Sie es eher jemand anderem in die Schuhe. Ein Beispiel: Erinnern Sie sich an Ihre Schulzeit, genauer gesagt an die halbjährlichen Offenbarungstermine der Zeugnisvergabe. Ich könnte mir vorstellen, dass Sie bei einer Eins oder Zwei recht stolz betont haben, Sie hätten dafür ja auch wirklich viel gelernt oder Sie hätten sich kaum anstrengen müssen, weil Ihnen das Fach einfach liege. Sollten Sie hingegen eine schlechte Note in einem Fach kassiert haben, dann war sicher der Lehrer schuld, »der das überhaupt nicht erklären konnte«, »total unfair korrigiert« oder »nur seinen Lieblingen gute Noten gegeben hat«.

Unabhängig davon, ob Ihr Lamento begründet war oder nicht, haben Sie an dieser Stelle einen »Fehler« gemacht. Die Sozialpsychologie nennt diesen Vorgang »*selbstwertdienliche Verzerrung*«. Diese wenden wir immer dann an, wenn wir Erfolge eher uns selbst, also unserer Anstrengung, unserem Wissen oder unseren Fertigkeiten, und Misserfolge eher äußeren Faktoren wie Zufall, Pech oder eben schlechten Lehrern zuschreiben. Der Fehler – die *Verzerrung* – liegt nicht in der Wirkung, sondern in der Ursachenzuschreibung.

Denn wir vergessen an dieser Stelle, dass jedes menschliche Verhalten immer durch uns selbst *und* die Situation verursacht wird. Gute Noten dürften sowohl durch Fleiß und Kompetenz als auch durch die »richtigen« Klausurfragen und die passende Wellenlänge zum Lehrer entstanden sein. Bei den schlechten haben sicher (Un)sympathiewerte oder das Pech der falschen Frage eine gewisse Rolle gespielt. Aber eben auch, dass wir vielleicht nicht genug gelernt oder geübt haben.

Wenn Sie also das nächste Mal stolz wie Oskar von einer Meisterleistung berichten, dann machen Sie das. Und im Nachgang verdeutlichen Sie sich, welche Umstände Ihnen dies vielleicht erst ermöglicht haben. Durch Ersteres stabilisieren Sie Ihren Selbstwert. Durch Letzteres verschaffen Sie sich Entwicklungsmöglichkeiten, um auch in Zukunft wieder zu brillieren.

Sofern Sie früher argumentativ etwas geschickter waren, dann mussten Sie sich vor Ihren Eltern oder Großeltern nicht mit dem soeben erwähnten, leicht durchschaubaren Trick in ein helleres Licht rücken. Sondern Sie haben sich schon damals gut darauf verstanden, den prüfenden Blick in die »richtigen« Bahnen zu lenken.

»Ich habe vielleicht keine Glanzleistung in Latein vollbracht, aber schau dir bitte mal meine Zwei in Physik und meine Eins in Mathe an! Da sagst du nichts mehr, oder?«

Dieser Schachzug der »*Selbstbestätigung*« ist zwar vielleicht nicht die größte rhetorische Meisterleistung, aber er funktioniert! Auf jeden Fall in Bezug auf den eigenen Selbstwert. Möglicherweise sogar bei der elterlichen Zeugnisprüfung.

Wenn jetzt böse Zungen behaupten, das sei nichts anderes als Selbstbetrug – sollen sie doch. Ich sehe darin vor allem einen hilfreichen Weg, um sein Selbst zu stabilisieren. Wie gut das funktioniert, erleben wir bei jeder Tröstung, bei der uns die Schulter, an der wir uns ausheulen, davon zu überzeugen versucht, dass alles doch gar nicht so schlimm und »bis zur Hochzeit alles verheilt sei«. Tut manchmal einfach gut.

Um es ganz deutlich zu machen: Wir betrügen uns doch jeden Tag! Oder machen Sie sich als Erstes nach dem Aufwachen aufs Neue klar, dass das Einzige, was Sie vom Leben wirklich wissen, die Gewissheit ist, dass irgendwann ein Sonnenaufgang ohne Sie stattfinden wird? Dass Sie von dem Moment an, an dem Sie das Licht der Welt erblickten, nur eines sicher ist, nämlich dass irgendwann die Lichter wieder ausgehen? Ich wünsche Ihnen, dass dies nicht so ist. Zumindest nicht an jedem Morgen. Sondern dass Sie auch an trüben Novembertagen eine lebens- und liebenswerte Schattierung im Grau der Morgendämmerung entdecken können. Deswegen ist es für mich vollkommen in Ordnung, wenn wir unseren Blick zuweilen auf die schönen Dinge lenken – auch bei uns und unserer Persönlichkeit.

Was aber tun, wenn es keine betonenswerten Schokoladenseiten gibt? Weil das Beste, was Sie vorweisen konnten, möglicherweise eine Drei in Musik war?

Entschuldigen Sie bitte, dass ich mich in das Notenbeziehungsweise Zeugnisthema gerade so verbeiße, aber bei den meisten Menschen, mit denen ich bislang gesprochen habe, sind diese kindlich-jugendlichen Glücks-, Zorn- und

Enttäuschungserlebnisse bis heute in lebendiger Erinnerung. Außerdem werden sie durch die Zahlenwerte der vergebenen Zensuren so einfach mess- und dadurch greifbar. Falls es für Sie passender ist – oder Sie zu den Glücklichen zählen, die ausschließlich Lobeshymnen für Ihre schulischen Leistungen erhalten haben –, dann können Sie die Beispiele gern durch Erlebnisse während des letzten Kaffeekränzchens, einer After-Work-Party oder durch die Abnahme auf der letzten Baustelle ersetzen – die Wirkungen dürften recht ähnlich sein.

Zurück in die Schulzeit. Wenn ein Blick auf Ihre übrigen Leistungen die großelterliche Spendenbereitschaft eher noch verringert hätte, dann blieb Ihnen immerhin noch ein Verweis auf … die anderen. Dabei dürften Sie wahrscheinlich nicht unbedingt die Klassenstreber hervorgehoben haben, die mühelos Grammatik und binomische Formeln meisterten. Nein. Sie dürften eher auf das unterste Ende der Fahnenstange gedeutet und betont haben, »dass es acht andere aus meinem Jahrgang gar nicht erst in die nächste Klassenstufe geschafft haben«. Aus dieser Perspektive heraus sollten Oma und Opa dementsprechend nicht Ihre Einzelergebnisse, sondern die Summe des erreichten Klassenziels in Augenschein nehmen. Auch bei diesem *abwärts gerichteten sozialen Vergleich* ist es im Nachhinein unerheblich, ob er heillos übertrieben ist oder zumindest die Realität nur sehr ausschnittsweise dargestellt hat. Bezogen auf Ihren Selbstwert war das Ganze höchst funktional. Und wenn man es genau nimmt, könnte es gut sein, dass gerade dieser Trick dazu geführt hat, dass Sie, selbstwertgestärkt, im nächsten Schuljahr auch das Notenbild verschönern konnten – oder zumindest nicht verschlimmern.

Überhaupt sind die anderen um uns herum für die ein oder andere Streicheleinheit gut. *Fishing for compliments* ist beispielsweise eine seit Jahrtausenden bewährte Möglichkeit, seinen Selbstwert durch andere aufpolieren zu lassen:

- Die neue Frisur steht mir ja überhaupt nicht.
- Das Bœuf Stroganoff ist mir heute so gar nicht gelungen.
- Den Abschlag am siebten Loch habe ich total verzogen.

sind nur ein paar wenige Beispiele aus dem großen Kosmos der Lob- und Anerkennungsheischerei. Wie gesagt: Gezielt und zurückhaltend eingesetzt, sind Sätze wie diese auch höchst funktional – werden sie zu häufig verwendet, könnten die Reaktionen jedoch irgendwann paradox sein (siehe zum Beispiel das Risiko+ des Eitlen Teils).

Um unser soziales Umfeld und seine Reaktion zu nutzen und damit unseren Selbstwert zu erhöhen, müssen wir auch gar nicht erst auf ein bestimmtes Ereignis warten. Allein schon unsere *Selbstdarstellung,* also das, was wir von uns preisgeben, kann uns wohltuende Blicke oder Kommentare des Gegenübers verschaffen.

Oder haben Sie beim ersten Date mit Ihrem Traumprinzen als Erstes beschrieben, wie Sie morgens aus dem Mund riechen, wie alt Ihr Lieblings-Schlabber-Trainingsanzug für Gammeltage auf der Couch ist oder wann Sie das letzte Mal dermaßen einen über den Durst getrunken haben, dass Sie …? Wohl eher nicht. Sie haben vielmehr ihre süßeste Schokoladenseite präsentiert, immer mit geschlossenem Mund gekaut und sind zum Pupsen auf die Toilette gegangen.

Auch hier finde ich nichts Verwerfliches daran, dass Sie nur die halbe Wahrheit präsentiert haben. Erstens machen das alle anderen auch so. Zweitens haben Sie Ihrem Selbst einen wichtigen Dienst erwiesen, das vor lauter Hormoncocktail ohnehin schon schwer genug beschäftigt war, den Abend einigermaßen zielführend über die Bühne zu bringen.

Als letzte selbstwertdienliche Strategie habe ich ein Beispiel ausgewählt, das etwas für Fortgeschrittene ist. Nur für den Fall, dass Ihnen die bislang beschriebenen zu profan erschienen sind.

Durch eine »*Selbstbehinderung*« können wir gleich zwei Fliegen mit einer Klappe schlagen. Das funktioniert so: Bereits vor dem möglichen Eintreten einer Niederlage werden Bedingungen geschaffen, die im Nachhinein eine Begründung ermöglichen, warum es nicht geklappt hat – man sabotiert sich selbst.

Das könnten Sie im letzten Beispiel erreichen, indem Sie sich mittags für einen Döner mit allem entscheiden, was bekanntlich auch nach zwei Wochen noch olfaktorische Auswirkungen auf den Atem hat. Wenn dann der Abend nach dem Digestif nicht gemeinsam, sondern mit einem »Vielleicht sehen wir uns ja irgendwann mal wieder« ausklingt, dann können Sie dies getrost auf die Extraportion Zwiebeln aus der Mittagspause schieben. Und nicht unbedingt auf Ihre mangelnde Eloquenz oder die verlockendere Konkurrenz durch die süße Blondine am Nachbartisch. Damit wären wir also wieder bei einer »selbstwertdienlichen Verzerrung«, die Sie sich auch noch selbst ermöglicht haben. Respekt!

Das Beste kommt aber erst noch: Sollte es wider Erwarten doch geklappt haben, sich nach dem Digestif noch ein weiteres Fläschchen und nach dem Fläschchen noch ein Küsschen und … ergeben haben. Ja, *dann* konnten Sie Ihren Selbstwert noch viel mehr steigern, als die massiv in Ihrer Blutbahn ausgeschütteten Glückshormone es allein vermocht hätten. Denn jetzt können Sie auch noch behaupten, dass Sie dieser Traumtyp sogar *mit* Dönerzwiebeln faszinierend fand. Was Sie zu dem Schluss kommen lassen sollte, schleunigst den aktuellen Aufenthaltsort von George Clooney, Chris Hemsworth oder Erol Sander herauszufinden. Denn was wäre nicht alles möglich, wenn Sie auch noch minzfrisch aus dem Mund duften würden.

Und, war etwas für Sie dabei?

Natürlich haben Sie auch Ihre ganz eigenen Strategien, mit denen Sie Ihren Selbstwert immer wieder erhöhen beziehungsweise stabilisieren. Damit Sie diese auch beim nächsten Tiefschlag schnell verfügbar haben, halten Sie ein paar davon fest.
Natürlich sollten Sie auch bei dieser Recherche den moralischen Aspekt und die Political Correctness außen vor lassen – entscheidend ist die Funktionalität Ihrer Strategie! Der hastige Genuss einer ganzen Tafel Schokolade, das Abzählen der letzten Facebook-Likes oder das Abreagieren beim Ego-Shooter – alles, was Ihrem Selbstwert hilft, zählt.

Experimentieren Sie ruhig ein wenig mit Ihrem Selbstwert herum – es könnte sich für die weiteren Übungen im Rahmen Ihres Projekts der Persönlichkeitsentwicklung lohnen.

Sobald Sie wieder ausreichend Muße haben, können wir uns dann im nächsten Kapitel ein wenig der Vergangenheit widmen, die Sie zu der Persönlichkeit hat werden lassen, die Sie gerade sind.

9.

Dunkle Geschichten –
Bunte Geschichten

Sie haben sich in einer der bisherigen Übungen Sätze aus der Vergangenheit in Erinnerung geholt. Außerdem sind Sie mit dem Konzept der Sozialisation vertraut, das beschreibt, wie wir uns im Laufe des Lebens und im Kontakt mit der Welt entwickeln.

Weil sich Vergangenheit, Gegenwart und Zukunft gegenseitig bedingen, möchte ich mich in diesem Kapitel vor allem auf die individuellen Erlebnisse Ihres Lebens, auf die Kapitel Ihres persönlichen Geschichtsbuchs beziehen. Damit können Sie sich und Ihre Persönlichkeit leichter auf zukünftige Situationen und Erlebnisse vorbereiten.

Weil es in diesem Kapitel um Ihre Geschichten geht, werde ich mich mit meinen diesmal etwas zurückhalten und es vor allem Ihnen überlassen, sich zu erinnern, nachzudenken und zu schreiben.

Schreiben Sie Ihre Geschichten auf.

Was waren die prägenden, einflussreichen Erlebnisse im Laufe Ihres Lebens, angefangen in der frühen Kindheit über das Zusammentreffen mit Lehrern und Mitschülern, (erste) Lieben bis hin zum Beruf oder der Gründung der eigenen Familie?

Sie müssen nicht unbedingt chronologisch vorgehen. Beginnen Sie einfach mit dem, was Ihnen als Erstes einfällt. Egal, ob das in der letzten Woche, vor einem Jahr oder im ersten Schuljahr war. Jede Geschichte wird Sie wieder an etwas anderes erinnern, und dort können Sie dann einen neuen Absatz oder eine neue Seite beginnen.

Sie müssen auch nicht mit dem Weiterlesen warten, bis Sie alles aufgeschrieben haben. Erstens ist das ohnehin nicht möglich, weil Sie einiges in Ihrem Unbewussten verschlossen haben. Und zweitens ändern sich unsere Lebensgeschichten in jedem Moment, in dem wir über sie nachdenken, weil wir vor jeder Erinnerung schon wieder neue Erfahrungen gesammelt haben.

An dieser Stelle sollten Sie nicht nur Ihr Buch mit Geschichten füllen, sondern diese so lebendig wie möglich werden lassen. Besuchen Sie die Orte der Erinnerung – die Straße, in der Sie aufgewachsen sind, Ihren Kindergarten, die Schule, den Ausbildungsbetrieb, die Kirche, in der Sie geheiratet haben. Nehmen Sie sich etwas Zeit mit und lassen Sie die Bilder der Vergangenheit im Hier und Jetzt erscheinen.

Wenn Sie Lust haben, können Sie auch mit Zeitzeugen Ihres Lebens sprechen – allen voran mit Ihren Eltern. Mit jedem »Weißt du noch?« können Sie Ihre aktuelle Geschichte ein wenig ergänzen. Denn das Schöne an Geschichten ist, dass wir sie immer wieder neu schreiben, neue Kapitel anhängen und Fortsetzungen verfassen können. Das Buch Ihres Lebens hat noch so viele Seiten frei!

Nicht alle Lebensgeschichten und Lebenssätze, die uns beschreiben, erleben wir einfach so. Manche werden – mehr oder weniger gezielt – an uns herangetragen. An uns werden Erwartungen gestellt – wir erhalten *Aufträge,* die wir erfüllen sollen, müssen, dürfen.

Kommen wir auf die Welt, kann es heißen:

»Werde glücklich.«

Oder:

»Greif nach den Sternen.«

Oder auch:

»Schuster, bleib bei deinem Leisten.«

Möglicherweise sogar:

»Stör uns nicht.«

Welchen Lebenssatz haben Sie von Ihren Eltern mit auf den Weg bekommen?

In der Regel drücken uns unsere Eltern diesen Lebenssatz nicht schriftlich und in dreifacher Ausfertigung in die Hand. Vielmehr wird die Antwort auf diese Frage Ihre Interpretation dessen sein, was Ihre Eltern von Ihnen am Beginn Ihres Lebens erwartet haben könnten. Aber gerade diese, Ihre, Interpretation wird die Konstellation Ihrer Persönlichkeit von Beginn an gestaltet haben.

In der Schule sollen wir dann aufpassen und fürs Leben lernen, Freunden gegenüber hilfsbereit sein und mit Fremden nicht mitgehen. In der Liebe sollen wir glücklich machen oder glücklich gemacht werden – oder beides. Im Beruf erfolgreich werden – vielleicht aber auch nicht zu sehr. Und im Leben generell?

Die Aufträge, die Ihr Selbst seiner Mannschaft aus Persönlichkeitsanteilen erteilt, sind nicht zuletzt davon abhängig, was andere Menschen von Ihnen erwarten. Da Sie Ihrer Persönlichkeit momentan den Auftrag zur Entwicklung und Veränderung erteilt haben, lohnt es sich, das eigene Auftragsbuch aufzuschlagen.

Die bedeutsamsten Erwartungen werden an uns und unser Leben in der ersten Sozialisationsphase gestellt, also von und mit unserer Familie. Ich möchte an dieser Stelle den Rahmen darauf beschränken. Natürlich ist es Ihnen freigestellt, die folgende Aufgabe in andere Sozialisationskontexte wie beispielsweise Schule, Freunde, Arbeit und Kollegen, zu übertragen. Aber damit Sie sich nicht verlieren und vor lauter

To-do-Listen den Auftrag zur Persönlichkeitsentwicklung auf die lange Bank schieben, reichen die Erwartungen Ihrer Familie vollkommen aus.

Halten Sie bei dieser Aufgabe schriftlich fest, welche Erwartungen von Ihren Eltern, Geschwistern, Großeltern an Sie gestellt wurden und werden. Anders formuliert:

- Welche *Aufträge* aus Ihrer (Herkunfts)familie kennen Sie?
- Welche davon versuchen Sie nach wie vor – möglicherweise sogar vergeblich – zu erfüllen?

Es kann sein, dass es an der Zeit ist, den ein oder anderen dieser Aufträge zu verändern, abzulehnen oder zurückzugeben. Sie sollten nicht vergessen, dass Sie derjenige sind, der über die Auftragsannahme entscheidet. Dazu gehört allerdings auch, dass wir im Leben nicht alle Aufträge erfüllen können – auch die, die wir uns selbst geben.

Die Entwicklung der Persönlichkeit ist ein fortlaufender Prozess, der sich über das ganze Leben hinzieht. Die meisten Entwicklungssprünge machen wir allerdings in Phasen des *Übergangs.* Also immer dann, wenn ein Lebensabschnitt endet und ein neuer beginnt. Ob dies der Schuleintritt oder -abschluss ist, der Anfang einer Beziehung oder ihr Ende, das Elternwerden oder die Phase, in der die Kinder von zu Hause ausziehen, der Wandel rund um den ersten oder den letzten

Arbeitstag – im Laufe des Lebens warten viele Übergangs-phasen, und dementsprechend verändert sich auch immer wieder die Persönlichkeit.

Das Besondere an Übergängen ist, dass wir sie gedanklich gern mit einer ganz konkreten Situation verknüpfen, oft mit einem Symbol oder einer symbolischen Handlung versehen, etwa Schultüte, Schlüssel, Bierflasche, Arbeitsvertrag, Ring, Nabelschnur, Sarg ... Die Symbolkraft des Augenblicks ist für die Erinnerung und den Umgang mit Übergängen enorm hilfreich, vor allem dann, wenn das erinnerte Symbol auch mit einem Gefühl verbunden ist.

Sie sollten nur nicht vergessen, dass Übergänge zwar dadurch gekennzeichnet sind, dass sie eine Brücke von der einen Lebensphase in die nächste darstellen. Die eigentliche Veränderung beginnt aber schon vor dem Betreten der Brü-cke und dauert noch an, wenn wir wieder festen Boden unter den Füßen haben.

Nach den vielen Geschichten der Vergangenheit ist es daher an der Zeit, dass Sie sich Ihrer Zukunft zuwenden.

Welche Übergangsphasen warten in der nächsten Zeit, in den nächsten Jahren, im Leben, das noch vor Ihnen liegt, auf Sie? Ich habe die Vermutung, dass Sie momentan mittendrin sind in einem Übergang. Warum sollten Sie das Buch sonst schon bis hier-her gelesen haben, wenn Sie nicht an der Entwicklung Ihrer Per-sönlichkeit, also am Brückenbau des Übergangs, interessiert wären? Am besten machen Sie eine Liste mit Stichwörtern, die Ihre zukünf-

*tigen Übergänge kennzeichnen – die Symbole dazu und die Erwar-
tungen, die Sie damit verbinden, werden automatisch geweckt,
sobald Sie sie vor sich sehen.*

Möglicherweise wird es ganz anders kommen, als Sie sich
das soeben überlegt haben. Vielleicht sogar deswegen, weil
Sie über die anstehenden Veränderungen nachgedacht haben.
Aber gerade deswegen werden Sie diese Übergänge nicht
mehr so sehr überraschen – Sie haben schon mal ein gedank-
liches Seil über die zu erwartenden Untiefen gespannt. Und
an diesem Seil lässt sich die nächste Brücke leichter errichten.

Ich spreche das ganze Buch über schon so viel von Entwicklung und Veränderung. Dabei bin ich bislang noch
gar nicht darauf eingegangen, dass zu jeder neuen Entwicklung auch ein Abschied vom Bisherigen und damit oft
auch Trauer über das, was nicht mehr ist, dazugehört. Diese
Trauer macht uns darauf aufmerksam, dass wir ein bekann-
tes und möglicherweise geliebtes Ufer verlassen. Sie verdeutlicht uns, dass alles Verabschiedete einen Wert dargestellt
hat. Und zugleich auch, dass es nun so weit ist, die Brücke
zum neuen Ufer zu betreten.

Damit Sie im Zuge Ihrer Persönlichkeitsentwicklung neue
Wege beschreiten können, ist es unumgänglich, dass Sie sich
mit den Verlusten auseinandersetzen, die dies mit sich bringt.
Liebgewonnene Rituale, sorgsam kultivierte Charakterzüge
oder zum Vertrauten gewordene Ängste – Sie werden man-
ches zurücklassen müssen. Um sich auf die anschließende
Trauerreaktion vorzubereiten, hilft erneut der Blick zurück.

Welche Erfahrungen zum Thema <u>Abschied</u> bringen Sie aus Ihrer Biografie mit?

Nehmen Sie sich nach dieser Übung ausreichend Zeit zum Verabschieden. Sie ist gut investiert. So schmerzhaft Trauern auch ist, verdeutlicht es uns doch auch, warum wir weitergehen sollten. Jedem Abschied wohnt ein Anfang inne.

Nach diesen Momenten der Erinnerung, die sich zu Sätzen entwickelt haben, und die Sätze zu Geschichten, stellen wir nun wieder Ihre Persönlichkeit und vor allem deren Anteile in den Vordergrund.

10.

Das Haus der Persönlichkeit

Bei Ihren weiteren Entwicklungsschritten sollten Sie fest im Sattel sitzen. Da Sie hierzu momentan mein Persönlichkeitsmodell nutzen, möchte ich Sie jetzt auch mit Details vertraut machen, die ganz wesentlich, aber eher im Hintergrund wirken. Der Persönlichkeitspsychologe Lawrence Pervin beschreibt hierzu sieben Kriterien, denen eine Persönlichkeitstheorie gerecht werden muss (Pervin 2005, S. 54). Diesen Ball nehme ich gern auf.

Persönlichkeit und Menschenbild

Als Erstes soll eine gute Persönlichkeitstheorie nach Pervin deutlich das dahinterstehende *Menschenbild* beschreiben können. Falls das bislang zu sehr zwischen den Zeilen versteckt war, jetzt ganz ausdrücklich:

Das Menschenbild meines Persönlichkeitsmodells bezieht sich zum einen auf die Grundhaltungen des *Humanismus,* einer Weltanschauung, die die Werte, die Würde und die Interessen des Menschen in den Vordergrund ihrer Überlegungen stellt. Demnach hat der Mensch die Fähigkeit zu Wachstum und Weiterentwicklung – er ist ein schöpferisches Wesen. Seine Individualität und Einzigartigkeit zeichnen den Einzelnen aus. Die höchsten Ziele, die ihn antreiben und vorwärtsbringen, sind Selbsterfüllung und Sinngestaltung.

Die Anteile Ihrer Persönlichkeit haben dementsprechend die Aufgabe, Sie bestmöglich in Ihren Zielen zu unterstützen – schließlich hängt deren »Überleben« davon ab, dass »die Chefin« beziehungsweise »der Chef« morgen noch da ist. Und das sind nun mal Sie. Allein aus diesem Grund ergeben sich die Schlussfolgerungen zur »Ressourcenorientierung«, wonach jeder Anteil der Persönlichkeit eine Ressource, eine Kraftquelle, eine bedeutende Funktion darstellt.

Zum anderen liegt meinem Modell ein *systemisches Menschenbild* zugrunde. Dieses versteht den Menschen als soziales Wesen: Wir sind nicht allein auf der Welt, sondern bewegen uns fortlaufend in »sozialen Systemen«, in unserer Familie, in Freundes- und Kollegenkreisen oder in der Schlange an der Kasse im Supermarkt. Um in diesen Systemen zu bestehen, haben wir Fähigkeiten zur Kommunikation und zum Informationsaustausch mit anderen entwickelt.

Auch unsere eigene Persönlichkeit entwickeln und gestalten wir durch den Kontakt zu anderen. Das Besondere dabei ist, dass das Aufeinandertreffen unserer einzelnen Persönlichkeitsanteile, also das »Mikro-System« des Menschen, nach denselben Gesetzmäßigkeiten funktioniert wie die »Makro-Systeme«, in denen wir es mit anderen Menschen zu tun haben. Ob Sie sich gerade mit Ihrem wütenden Persönlichkeitsanteil oder mit Ihrem cholerischen Vorgesetzten auseinandersetzen, ist also kein großer Unterschied: Beide können Ihnen den Tag vermiesen, und mit beiden ist nicht so leicht umzugehen.

Jetzt haben Sie eine Vorstellung davon, wie ich den Menschen sehe. Außerdem haben Sie sich bereits Gedanken über Ihre ganz individuellen Ziele und Bedürfnisse gemacht und in Ihrer Pyramide festgehalten.

Gehen Sie nun noch einen Schritt weiter und vergegenwärtigen Sie sich Ihr eigenes <u>Menschenbild.</u>

Was zeichnet für Sie den Menschen, sein Verhalten und Erleben aus?

Diese Überlegungen sind insofern bedeutsam, weil Sie Ihre ganz eigene Persönlichkeitstheorie entwickeln – oder genauer gesagt: <u>verfeinern</u> – werden. Denn Sie denken ja nicht erst seit dem Lesen dieses Buches über solche Fragen nach. Dementsprechend müssen Sie sich und Ihre Ansichten auch nicht neu erfinden, sondern werden diese nur ein bisschen bewusster machen und weiter verfeinern.

Persönlichkeit und Verhalten

Eine gute Persönlichkeitstheorie muss die »Beziehung zwischen inneren und äußeren Einflüssen bei der Determinierung des Verhaltens« (ebenda) beschreiben können.

Diesen Satz muss ich erst einmal übersetzen. Unter »Determinierung« wird im wissenschaftlichen Sinne das verstanden, was wir gern etwas mystisch als »Vorherbestimmung« bezeichnen. Nüchterner geht es also darum, ob und durch welche Faktoren unser Verhalten beeinflusst wird, sodass festgelegt ist, was passiert, bevor es passiert.

An dieser Stelle möchte ich mit einem Märchen rund um die Persönlichkeit aufräumen, das zwar für Verschwörungstheorien und dunkle Zukunftsfantasien ziemlich spannend ist, jedoch nicht der Realität entspricht: Unser Verhalten, genauer gesagt das spezifische Verhalten eines einzelnen Menschen, ist nicht beziehungsweise nur in äußerst geringem Maße vorherbestimmt. Und dieser Rest an Vorherbestimmung wird in dem Moment verändert, in dem wir anfangen, über diese nachzudenken.

Sicherlich lassen sich Wahrscheinlichkeiten über zukünftiges Verhalten berechnen. Mit den Mitteln moderner psychologischer Diagnostik sogar ziemlich gut. Aber dies sind eben nur Wahrscheinlichkeiten; und selbst wenn ein Ereignis zu 95 Prozent zutreffen sollte, so wird es eben nicht mit absoluter Sicherheit eintreten.

Das ist ähnlich wie beim täglichen Wetterbericht. Der ist inzwischen auch richtig gut und sagt mit hoher Wahrscheinlichkeit bestimmte Wetterlagen vorher. Aber er sagt eben nur die Wahrscheinlichkeit voraus, nicht das tatsächliche Wetter. Das ist der Grund, warum Sie sich gestern so geärgert haben, weil Sie den Regenschirm nicht für notwendig gehalten haben und nach der Arbeit dann doch ziemlich nass geworden sind.

Ich verstehe »Determinierung des Verhaltens« also nicht im Sinne von »Verhalten ist vorhersagbar«, sondern im Sinne von »Verhalten ist abhängig von bestimmten Faktoren«.

Dann bleibt nun die Frage danach, in welcher Beziehung die »inneren Einflüsse«, also die Persönlichkeit, und die »äußeren Einflüsse«, also unsere Umwelt, stehen.

Fangen wir mit den inneren Einflüssen an. Da jeder Anteil eine Aufgabe hat, die den Zielen der Gesamtpersönlichkeit nutzt, strebt er danach, diese Aufgabe umzusetzen – auch auf Kosten von anderen Anteilen. Zudem wird er aktiv werden, sobald seine Ziele beeinträchtigt oder in Gefahr sind. Dieser beständige Wettbewerb unter den Persönlichkeitsteilen führt zu Bündnissen, Anfeindungen oder Wettkämpfen – wie in sozialen Systemen auch. Und wie es eben so ist: »Sometimes you win, sometimes you lose.« Manchmal bekommt der Faule Teil sein Zeitfenster zum Abhängen, und manchmal setzt sich der Pflichtbewusste durch, und wir kommen pünktlich und sind fleißig. Die Einflüsse aus dem Inneren der Persönlichkeit entstehen durch die Selbstorganisation der Persönlichkeitsanteile.

Zugleich dreht sich die Erde um uns aber beständig weiter. Das heißt, dass wir immer auch auf unsere Umgebung reagieren. Je nach Situation werden unterschiedliche Anteile gebraucht. Für die Anordnung dieser inneren Formation ist das Selbst verantwortlich. Das Selbst sorgt dafür, dass in Situationen mit Couch der Faule und in Situationen mit Schreibtisch der Pflichtbewusste Teil in den Vordergrund kommt.

Die beiden Systeme, das innere und das äußere, stehen in einem beständigen wechselseitigen Einfluss. Führt diese Konfrontation zu einem befriedigenden Ergebnis, dann empfinden wir Zufriedenheit und Selbsterfüllung. Wenn nicht,

wenn wir uns ohnmächtig fühlen, unsere Anteile so aufzu-
stellen, wie wir eigentlich wollen, dann führt das zu Anspannung, Unzufriedenheit oder Unglücklichsein. Davor sind wir
eben nicht geschützt.

Die Konsistenz der Persönlichkeit

Eine Theorie über die Persönlichkeit muss beschreiben können, wie ein und dieselbe Person in verschiedenen Situationen und zu verschiedenen Zeiten mit ihrer Persönlichkeit
zurechtkommt. Dieses Kriterium spricht den Umstand an,
dass wir immer gleich sind, obwohl wir uns beständig weiterentwickeln und an neue Situationen anpassen.

Wie lässt sich die *situationsübergreifende zeitliche Konsistenz*
nun im Rahmen meines Modells erklären?

Zum einen entsteht die Konsistenz durch das gleichblei-
bende Selbst einer Person. Auch wenn sich einzelne Teile der
Persönlichkeit verändern, andere Gruppierungen von Anteilen im Vordergrund stehen oder einzelne Anteile zur Seite
gedrängt werden, so bleibt diese innere Exekutive dieselbe.
Die Entscheidungen des Selbst können sich zu unterschiedlichen Zeitpunkten oder in unterschiedlichen Situationen verändern – das Selbst als solches bleibt gleich.

Zum anderen sind einzelne Anteile über die Zeit hinweg
fortbestehend und prägen dadurch das individuelle Bild der
Persönlichkeit. Vor allem die »Hauptdarsteller« des inneren
Theaters machen den Kern unserer Persönlichkeit aus. Das
sind diejenigen Anteile, die besonders häufig und über viele

Jahre beziehungsweise Situationen hinweg im Vordergrund unserer Persönlichkeit stehen. Bei dem einen ist das der Faule Anteil – so jemanden würden wir dann eher als gemütlich beschreiben. Den anderen würden wir vor allem als zuverlässig beschreiben, weil sein Pflichtbewusster Anteil einen Großteil seines Verhaltens bestimmt.

Zum Glück sind wir aber nicht ein Leben lang auf die gleiche Mannschaft angewiesen. Das wäre ja irgendwann auch langweilig. Es kommen immer wieder neue Teile hinzu, und alte Anteile werden verabschiedet. Das sind dann Veränderungsprozesse, in denen wir uns entwickeln können. Solche Entwicklungen können anstrengend sein, sie sind aber meistens bereichernd.

Machen Sie erneut eine kleine Zeitreise.

Schreiben Sie auf, welche Berufs-, Familien- oder überhaupt Lebensvorstellungen Sie mit fünf, mit fünfzehn und mit fünfundzwanzig Jahren gehabt haben (je nach Alter können Sie gern auch noch ein paar Dekaden mehr aufnehmen).

Auch wenn Sie sich an diese Zeiten nur erinnern, nicht aber mit Gewissheit sagen können, was damals tatsächlich in Ihnen vorging, dürften Sie ein kleines Panoptikum verschiedener Persönlichkeiten und zugleich immer Ihrer eigenen zusammengetragen haben. Und irgendwie stecken alle diese vergangenen Persönlichkeiten immer noch in Ihnen drin und haben Sie zu dem gemacht, die oder der Sie heute sind.

Persönlichkeit – Vielfalt und Einheit

Dies ist ein ganz besonderes Merkmal meines Modells. Es kann in der Persönlichkeit des Menschen, im Individuum (auf Lateinisch »das Untrennbare, Unteilbare«), eine Vielfalt beschreiben. Durch diese Vorstellung wird die Theorie den »zusammenhängenden« *(kohärenten)* und zugleich unterschiedlichen Bestrebungen gerecht, die ein und dasselbe Individuum ausmachen.

Die Einheit der Persönlichkeit wird durch das einmalige Muster der Anteile beschrieben, das jeden von uns so einzigartig macht.

Wir sind nun mal viele und eins zugleich. Wir wollen heute dies, morgen das; und wenn wir uns endlich entschieden haben, dann hadern wir doch ab und an, ob nicht das andere besser gewesen wäre. So anstrengend dieses Hin und Her sein mag, so vorteilhaft ist diese Eigenschaft unserer Persönlichkeit: Sie zeigt uns immer wieder auf, dass es noch andere Möglichkeiten gibt, und öffnet uns dadurch das Tor zur wunderbaren Vielfalt dieser Welt.

Persönlichkeit und Bewusstsein

Eine Persönlichkeitstheorie sollte es schaffen, folgende Frage zu beantworten: Welche Rolle spielen *unterschiedliche Bewusstseinszustände* und das *Konzept des Unbewussten?*

Hier muss ich zunächst wieder ein paar erläuternde Worte loswerden. Was es mit dem Unbewussten auf sich hat, darauf bin ich ja bereits im Zusammenhang mit Carl Gustav Jung eingegangen. Aber die Vorstellung von unterschiedlichen Bewusstseinszuständen bringt uns nun noch mal auf andere Überlegungen.

Das »Bewusstsein« ist nämlich ein unglaublich schwammiges oder, besser gesagt, vieldeutiges Konstrukt. So haben wir ein politisches *Bewusstsein,* handeln mehr oder weniger umwelt*bewusst,* was uns wiederum von verschiedenen Personen oder Gruppen *bewusst* gemacht wird, und das hat dann vielleicht Einfluss auf unser Selbst*bewusstsein.* Und wenn wir es mit dem Feiern übertrieben haben oder auf dem Heimweg ausrutschen und auf den Kopf fallen, kann es passieren, dass wir *bewusst*los werden.

Das waren jetzt nur ein paar Beispiele für Bedeutungen des Bewusstseins. Mal im Sinne einer Einstellung, mal im Sinne der Kontrollierbarkeit von Wissen und Handeln, mal in Bezug auf die Wertschätzung und Überzeugung unserer eigenen Person gegenüber und nicht zuletzt für einen Bewusstseinszustand, in dem uns selbiges fehlt.

Wie ist das jetzt mit unserer Persönlichkeit in den unterschiedlichen Bewusstseinszuständen?

Eigentlich relativ einfach.

In verschiedenen Bewusstseinszuständen können unterschiedliche Anteile zur Geltung kommen. Betrachten wir beispielsweise die verschiedenen Zustände unserer Wachheit, so übernehmen jeweils andere Teile führende Rollen oder treten in den Hintergrund.

Das können Sie jeden Tag beziehungsweise jede Nacht erleben. Die Anteile, die tagsüber wichtig waren, um den uns gestellten Anforderungen gerecht zu werden, spielen möglicherweise nachts nur eine untergeordnete Rolle. Das merken wir immer dann, wenn wir die wildesten Träume haben, in denen unsere Ängste, unsere geheimen Sehnsüchte und Begierden auftauchen dürfen, die uns am Tage eher im Weg sind. In unseren Träumen haben gerade die verdrängten und unbewussten Anteile die Möglichkeit, wieder in den Vordergrund zu treten. Auch versuchen einzelne Persönlichkeitsanteile, im Schlaf ihre im Wachzustand nicht erfüllten Aufgaben zu Ende zu führen.

Dadurch können wir die Erlebnisse des Tages verarbeiten, wenn wir schlafen. Träumen ist also auch und gerade für die Persönlichkeit eine wesentliche Aufgabe und nicht zuletzt die einzige Möglichkeit, auf den Zustand unserer Persönlichkeit im Schlafzustand zu schließen. Wenn wir uns denn an den Traum erinnern.

Bei anderen Bewusstseinszuständen gelten ähnliche Mechanismen. So sind beispielsweise während einer »Bewusstseinsverschiebung« – wie sie etwa beim Frisch-verliebt-Sein oder im bierseligen Rausch vorkommen kann – nicht alle, sondern nur ausgewählte Teile der Persönlichkeit einsetzbar. Diese Einschränkungen gelten dann vor allem für die Anteile, die normalerweise dafür da sind, rationale Entscheidungen zu treffen, umsichtig und vorausschauend zu handeln. Vielleicht kennen Sie das: Wenn wir auf einer Party morgens um halb vier und einigermaßen volltrunken fest davon überzeugt sind, dass wir unserem Gegenüber gerade äußerst sachlich und vor allem auf einem hochprofessionellen Niveau das politische System der Europäischen Union erläutern, schwelgen wir in

Wirklichkeit gerade in dahingelalltem Halbwissen gepaart mit einer unverständlichen Liebeserklärung.

Im *Unbewussten* finden sich schließlich solche Teile wieder, die vom Selbst verdrängt wurden, da sie als eine Gefahr oder Belastung für die Persönlichkeit wahrgenommen worden waren. Außerdem werden Teile von anderen Anteilen dorthin verbannt. Der stärkere Anteil bleibt dabei im Bewusstsein, der schwächere wird ins Unbewusste geschoben.

Die Anteile im Unbewussten können dort unter Umständen zu neuer Stärke und Macht kommen und ihren Einfluss auf anderen Wegen geltend machen. Beispielsweise auch wieder in unseren Träumen oder dann, wenn wir Entscheidungen treffen, die rational nicht begründbar sind. Die aus dem Bauch kommen. Dass das nicht immer die schlechtesten Entscheidungen sind, können Sie wahrscheinlich aus Ihrer eigenen Erfahrung bestätigen.

Persönlichkeit im Spiegel der Zeit

Nicht zuletzt wirken *Vergangenheit, Gegenwart* und *Zukunft* auf unsere Persönlichkeit und auf unser Verhalten. Und zwar zu jeder Zeit und dann auch noch jedes Mal ein bisschen anders. Das ist allerdings zu gleichen Teilen von der aktuellen Situation und von unserer Persönlichkeit abhängig. Betrachten wir daher die Zusammenhänge von Persönlichkeit und Verhalten im Kontext der Zeit noch mal genauer.

Die *Vergangenheit* beeinflusst das Verhalten, indem sie die Persönlichkeit – und somit jeden einzelnen Teil derselben –

mit Erfahrungen versorgt. Dabei spielt unsere genetische Veranlagung, wie sie in biologischen Persönlichkeitstheorien beschrieben wird, eine gewisse, jedoch kleine Rolle. Hauptsächlich wird die Persönlichkeit durch unsere Erfahrungen geprägt. Beide Einflussgrößen, Veranlagung und Sozialisation, beeinflussen sich gegenseitig. In meinem Persönlichkeitsmodell kommt das dadurch zur Geltung, dass sich die einzelnen Anteile aus der Anlage wie auch aus der Erziehung, den Erfahrungen, der familiären Prägung und anderen Sozialisationsinstanzen heraus entwickeln.

Die *Gegenwart* veranlasst unsere Persönlichkeit dazu, situationsgerecht zu reagieren. Um das Verhalten in der Jetzt-Situation passend zu gestalten, werden bestimmte Konstellationen unseres inneren Systems benötigt. Für häufige Anforderungen sind diese Konstellationen und die dafür benötigten Anteile meistens routiniert. Oder machen Sie sich bei alltäglichen Routinen wie Zähne putzen, zur Arbeit fahren, mit Kollegen sprechen oder Gutenachtkuss geben viele Gedanken darüber, warum und wie Sie das ausführen, was Sie gerade tun?

Probleme entstehen dann, wenn diese routinierten Teile-Teams nicht mehr zur Situation passen, wenn in überraschenden oder unbekannten Situationen keine adäquate Mannschaftsaufstellung gelingt oder wenn wichtige Anteile nicht so handeln können, wie wir das gern hätten. Im Beispiel wäre das dann der Fall, wenn Sie auf einmal mit der Zahnbürste in der U-Bahn stehen oder den neuen Kunden mit einem »Schlaf-schön«-Schmatzer begrüßen würden.

Die *Zukunft* wirkt in Form von Wünschen, Träumen und Zielen auf die Konstellation und die Gestaltung der inneren Landschaft. Dadurch wird das Selbst veranlasst, den Einsatz der einzelnen Teile zu planen. Für zukünftiges Verhalten notwendige Teile der Persönlichkeit werden gestärkt, und »unbeliebte«, »unpassende« Teile werden an die Seite gedrängt.

Dadurch kann die Persönlichkeit zuweilen in ihrer vollen Handlungsfähigkeit eingeschränkt sein. Das merken Sie unter anderem daran, wenn Sie vor lauter Träumen die Aufgaben der Gegenwart nicht mehr bewältigen können.

Eine Fixierung auf die Zukunft bedeutet aber auch, an Ideen, Vorhaben und Plänen festzuhalten, was die Wahrscheinlichkeit der Umsetzung erhöht. Allein durch den »guten Vorsatz« werden Anteile aktiviert, die bei der Umsetzung der geplanten Vorhaben in der Zukunft notwendig sind, und Stück für Stück auf ihren späteren Einsatz vorbereitet. Wenn die Zukunft dann zur Gegenwart geworden ist, schaffen wir es leichter, diese angemessen zu bewältigen.

Überlegen Sie sich also auch für das nächste Silvester ein paar gute Vorsätze – das wird der Entwicklung Ihrer Persönlichkeit sicherlich helfen.

Über Ihre Vergangenheit und Ihre Zukunft haben Sie sich ja schon einige Gedanken und Notizen gemacht.

Jetzt ist es ausdrücklich Zeit für die <u>Gegenwart.</u>

Schreiben Sie aktuelle Situationen auf (also am besten von heute, vielleicht noch aus den letzten Tagen), in denen alles rundgelaufen ist, und solche, in denen irgendwie der Wurm drin war.

Wenn Sie nun beide Varianten miteinander vergleichen, werden Sie auf Persönlichkeitsanteile oder Innere Teams aufmerksam, deren Bedürfnisse aktuell gut gestillt werden. Und auch auf solche, die momentan zu wenig beachtet werden oder die sich im Konflikt mit anderen befinden.

Die (wissenschaftliche) Analyse der Persönlichkeit

Das letzte der sieben Kriterien, die nach Lawrence Pervin eine gute Persönlichkeitstheorie ausmachen, hat zwar für die Zwecke dieses Buchs keine großen Auswirkungen, aber Sie sollen Qualität erhalten, und daher werde ich auch darauf eingehen: »Was verspricht eine *wissenschaftliche Analyse* der Persönlichkeit, und wo sind die *Grenzen* dieser Analyse?«

Eine wissenschaftliche Analyse der Persönlichkeit nach meinem Verständnis ist ganz allgemein der Versuch, das Verhalten und das Erleben des Menschen aus einer individuellen und subjektiven Sichtweise heraus zu erfassen und begreifbar zu machen. Der Schwerpunkt liegt dabei zum einen auf der Vielgestaltigkeit menschlicher Motive und zum anderen auf der Dynamik der Persönlichkeit und dem Prozess von Veränderung und Entwicklung.

Ergebnisse solcher Forschungsprozesse fließen dann beispielsweise in die Gestaltung von Coachings, Psychotherapien oder der Personalentwicklung in Unternehmen ein. Dabei steht die Aufarbeitung von seelischen Verletzungen, der Umgang mit Problemen und Störungen oder eine Reflexion des eigenen Verhaltens im Vordergrund.

Allerdings hat mein Modell auch seine Grenzen. Da die Persönlichkeit nicht als determiniert angesehen wird, können keine Vorhersagen über Persönlichkeitsentwicklung oder Verhaltensweisen getroffen werden. Zwar kann der Entwicklungsverlauf verschiedener Personen miteinander verglichen werden, jedoch bleibt auch hier immer ein großer Bereich der Unsicherheit. Mein Modell geht eben von der Einmaligkeit der Persönlichkeit aus. Daher kann generalisierend nur gesagt werden, *dass* sich die Persönlichkeit verändert und *wie* diese Prozesse ablaufen. Nicht aber, *was* sich *bei wem* verändern wird.

Eine weitere Grenze meines Verständnisses von Persönlichkeit liegt in ihrer Vielfalt begründet. Es werden nie alle Anteile der Persönlichkeit eines Menschen erkannt werden. Das liegt daran, dass zu einem Zeitpunkt nie alle Anteile im Bewusstsein einer Person vorhanden sind. Manche sind sogar so tief im Unbewussten verankert, dass der Zugang zu ihnen nicht oder nur schwer gelingt.

Außerdem kann nicht sichergestellt werden, dass wir vom Gleichen sprechen, wenn wir die Persönlichkeit eines Menschen betrachten. Für den einen ist es eben ganz großartig, dass er einen Faulen Teil hat, und für den anderen ist das ganz fürchterlich. Oder einen Pflichtbewussten. Oder, oder, oder.

Eine Analyse der Persönlichkeit stellt daher stets nur einen Annäherungsversuch dar, um ein vages Abbild derselben zu erlangen – eine unumgängliche Einschränkung. Mein Modell bietet in diesem Rahmen jedoch eine kreative Methode, um sich mit dem Konstrukt Persönlichkeit auseinanderzusetzen.

Nach diesen Ausführungen zu den unterschiedlichen Aspekten einer guten Persönlichkeitstheorie ist es jetzt ziemlich einfach, das wesentliche Gerüst meiner *Polydynamischen Persönlichkeitstheorie* zusammenzufassen:

Das Modell beschreibt eine einfach strukturierte Vorstellung von Persönlichkeit, die erst in ihrer individuellen Anwendung komplex und einzigartig wird. Diese Kürze und Prägnanz erscheint mir als einer der großen Vorteile. Das Modell ist dadurch nicht nur theoretisch, sondern vor allem in der praktischen Anwendung von Nutzen.

Durch die individuelle Ausgestaltung des Persönlichkeitsgerüsts entsteht ein personenbezogenes Persönlichkeitsbild. Dieses kann dazu genutzt werden, vergessene Ressourcen zu aktivieren, erstarrte Persönlichkeitsstrukturen zu lockern oder individuelle Eigenschaften und aufgabenorientierte Anforderungen abzugleichen.

Mein Modell setzt sich aus folgenden Annahmen zusammen:

- Um die Charakterzüge, Fähigkeiten und Eigenschaften des Menschen und dadurch seine Persönlichkeit zu beschreiben, werden metaphorische Umschreibungen genutzt: Anteile (oder auch Teile, Aspekte), in welche die Persönlichkeit des Menschen gegliedert ist.
- Die Zusammensetzung der Anteile ist bei jedem Menschen anders und für ihn charakteristisch. Dadurch entsteht die Individualität seiner Persönlichkeit.

- Die meisten dieser Anteile bestehen über die (Lebens)zeit hinweg, manche entwickeln sich jedoch erst im Laufe des Lebens oder sind nur vorübergehend existent.
- Die Strukturierung und Ordnung der Teile, die exekutive Funktion, übernimmt das Selbst, der innere Kern der Persönlichkeit.
- Die Teile sind dynamisch um das Selbst angeordnet und können sich je nach Situation und Herausforderung neu gruppieren.
- Jeder Teil der Persönlichkeit steht für konkrete Aufgaben des Erlebens und Verhaltens und stellt in dieser Funktion eine Ressource der Persönlichkeit dar. Jeder Teil strebt danach, seine Aufgaben zu erfüllen und seine Ziele zu erreichen.
- Wenn ein Teil über einen zu langen Zeitraum in den Vordergrund rückt und zu einflussreich wird beziehungsweise zu lange verleugnet wird, dann erstarrt das Teilesystem, und es entstehen Probleme und Störungen der Persönlichkeit. Gleiches gilt, wenn das Selbst seine delegierende Funktion nicht mehr wahrnimmt.
- Indem eine Person sich ihrer Teile bewusst wird, erhöht sie die Möglichkeiten und die Wahrscheinlichkeit, einzelne Teile gezielt einzusetzen oder einzuschränken und dadurch ihre gesamte Persönlichkeit zu entwickeln. Dadurch vergrößert sich ihr Handlungsspektrum.

Ich denke, dass Sie nun gut gerüstet sind, um Ihre Anteile nicht nur einzeln, sondern gemeinsam zu betrachten. Also auf zum abschließenden Gruppenbild. Bitte lächeln!

11.

Alle unter einem Dach

Bitten wir zum Abschluss unsere Darsteller zum *gemeinsamen Spiel* auf die Bühne. Sie wissen jetzt, wie sich Ihre Anteile charakterisieren lassen, welche Ressourcen sie bereithalten und welche Risiken auftreten können, je nachdem, ob sie sich zu sehr in den Vordergrund drängen oder die Vorstellung von der Hinterbühne aus verfolgen. Dabei sollte Ihnen nun auch bewusst sein, dass wirklich jeder Ihrer Anteile wichtig für Ihre Persönlichkeit ist und sein Verhalten hohe Funktionalität aufweist.

Unsere Anteile sind aber nicht einzeln auf der Persönlichkeitsbühne, sondern befinden sich in beständiger Interaktion. Dabei entstehen Bündnisse und Freundschaften, Zweckbeziehungen und Hasslieben, Anfeindungen und Ausgrenzungen. Mit anderen Worten: Innerhalb unserer Persönlichkeit passiert das Gleiche, was auch in der »echten Welt« abläuft.

Sehen wir uns eine beispielhafte Szene an.

Wenn der Tüftler mit vollem Elan an Projekt X arbeitet und sich dafür die Unterstützung des Pflichtbewussten Teils sichert, dann dürfte das den Faulen Teil ziemlich auf die Palme bringen. Dieser muss schließlich befürchten, dass es mit der Erholung am nächsten Wochenende nichts wird. Stellen Sie sich also eine Bühne vor, auf der wir das chaotisch-kreative Arbeitszimmer des inneren Tüftlers vor uns sehen.

Auf dem Schreibtisch türmen sich Bücher, technisches Gerät und halb aufgegessene Pausenbrote. Die wenigen Stühle sind über und über belagert mit vollgekritzelten Zetteln, auf denen sich endlose Zahlenkolonnen aneinanderreihen. Verstaubte Reagenzgläser, gefüllt mit bunten, nebelwabernden Flüssigkeiten unterschiedlichen Ursprungs, türmen sich auf dem Fensterbrett. Die Vorhänge sind zugezogen – einerseits, um neugierige Blicke fernzuhalten, andererseits, damit der Tüftler nicht von nervigen Wetterkapriolen abgelenkt wird.

Der Herr der Ideen sitzt über einen Schreibblock gebeugt und zeichnet einen filigranen Schaltplan, während er beständig vor sich hin murmelt. Tiefe Augenringe zerfurchen sein Gesicht. Seiner strähnigen Frisur sieht man an, dass die letzte Dusche schon etwas länger her ist.

Hinter ihm steht, wie immer akkurat gekleidet, der Pflichtbewusste Teil und beugt sich über seine Schulter. Nicht, dass er etwas von den Plänen und Formeln verstünde, die der Tüftler zutage bringt. Er möchte nur sichergehen, dass hier produktiv gearbeitet und keine Zeit mit sinnlosen Beschäftigungen vergeudet wird.

In diesem Moment klopft es an der Tür. Erst zaghaft, dann immer lauter. Der Tüftler erschrickt und fährt aus seiner Konzentration hoch. Gleich wird er von seinem Partner beruhigt.

»Mach du nur weiter. Ich sehe nach, wer uns belästigt.« Er geht zur Tür und öffnet diese einen kleinen Spalt. »Was gibt es denn schon wieder?«

Davor steht der Faulpelz. »Verlottert und nachlässig wie immer – überflüssiger Hippie«, denkt sich der Pflichtbewusste.

»Wann macht ihr denn endlich mal Pause?«, nuschelt der Faulpelz, halb gähnend, dem strengen Augenpaar entgegen. »Wenn ihr nicht ausreichend Ruhephasen einlegt, dann bringt ihr das ganze Projekt X in Gefahr«, sagt er. Zunächst noch ganz sachlich, mault dann aber hinterher: »Außerdem habt ihr versprochen, dass wir dieses Wochenende mal wieder zum Baden gehen und uns in die Sonne legen.«

»Schwirr ab, du nervst. Wir haben hier wichtige Aufgaben zu erledigen, was *du* natürlich gar nicht beurteilen kannst«, zischt der Pflichtbewusste nach draußen und knallt dem Faulpelz die Tür vor der Nase zu.

»Wart nur ab, ich gehe mich beim Selbst beschweren, und dann werdet ihr schon sehen, was ihr davon habt!« Mit diesen Worten dreht sich der Faulpelz um und stapft davon.

Auf dem Weg trifft er den Ängstlichen Teil. Er krallt sich das verdutzt dreinblickende Angsthäschen, zieht es in die Richtung, aus der er gerade gekommen ist, und trommelt wieder an der Tür mit der Aufschrift »Bitte nicht stören – Genie bei der Arbeit«.

»Was willst du schon wieder?«, ruft der sichtlich genervte Pflichtbewusste von innen. Er knöpft vorsorglich seine Manschetten auf, um sie über die ordentlich platzierten Ärmelschoner zu krempeln.

»Hör dir nur mal an, was Häschen zu eurem Projekt X zu sagen hat«, giftet der Faulpelz zurück und schubst den immer noch etwas verwirrten Angsthasen mit den Worten nach vorn: »Jetzt mach denen da drin mal klar, was alles passieren kann, wenn die so weitermachen.«

Zunächst zurückhaltend, dann aber immer selbstbewusster setzt der Ängstliche zu einem Monolog über die unsicheren Erfolgsaussichten von Projekt X an und schließt damit, dass es mehr als fraglich sei, »ob am Ende nicht zu viel Energie aufgebracht worden ist und die Verluste größer sind als der Gewinn«. Dabei betont er immer wieder, dass *er* als Sicherheitsbeauftragter der Persönlichkeit hier einige Fachkompetenz einbringe. Die anderen hätten kaum den Weitblick, um einschätzen zu können, welche Folgen Projekt X möglicherweise haben könnte.

An dieser Stelle wird das Selbst aufmerksam, da es seinen Wert in Gefahr sieht, und beruft augenblicklich eine Konferenz zur aktuellen Lage ein.

Neben den bisher Beteiligten kommen außerdem noch der Sinnliche und der Eitle Teil im Konferenzraum zusammen. Der Tüftler scheint ziemlich abwesend zu sein und murmelt vor sich hin, während er wie wild auf seinem Taschenrechner herumtippt. Der Pflichtbewusste Anteil ist sichtlich genervt und schaut alle paar Sekunden demonstrativ und mit einem deutlich vernehmbaren »Ts, ts, ts« auf seine Taschenuhr, die er, an einer goldenen Kette befestigt, in seiner Weste mit sich trägt. Der Faulpelz und der Angsthase besprechen auf der anderen Seite des Tisches gerade ihre Strategie, als das Selbst die anwesenden Parteien auffordert, ihre Argumente einzubringen.

Sofort springt der Angsthase von seinem Stuhl auf. »Ihr alle wisst um die elementare Bedeutung meiner Einschätzungen«, legt er im Brustton der Überzeugung los, wohlwissend, dass seine Argumente tief unter die Haut gehen. Dies ist schließlich einer der Gründe, warum er ein so gern gesehener Bündnispartner ist. Oder gefürchteter Gegner.

Nach einer kurzen, sehr überzeugenden Rede über mögliche Bedrohungen durch das Projekt X und seine Folgen setzt er sich wieder. Für einen kurzen Moment ist Stille im Raum, die nur von dem kratzenden Geräusch beeinträchtigt wird, den der Stift des Tüftlers auf seinem Notizblock macht.

»Euer Ehren«, setzt der Pflichtbewusste Teil pathetisch an, »da ich es für überflüssig halte, mich an dieser Stelle über die Kompetenz meiner Urteilsfähigkeit auszulassen, die jedem Anwesenden selbstverständlich vertraut ist, habe ich zwei unabhängige Beobachter gebeten, ihre Einschätzung vorzubringen.«

Mit einer einladenden Geste fordert er die beiden anderen Anteile auf, sich einzubringen. Als Erster erhebt sich, sanft und fast schwebend, der Sinnliche Teil. Auch er verströmt, ähnlich wie der Ängstliche Teil, eine emotionale Intensität, die für ihre berauschende Wirkung bekannt ist.

»Ist es nicht wunderbar, neue Welten zu entdecken? Kleine Wunder zu erschaffen, den Geist und das Herz für neue Erfahrungen zu öffnen?«, setzt er mit einer betörend sanften Stimme an. »Die Begeisterung, mit der unser Kollege Tüftler das Projekt X verfolgt, steckt richtiggehend an. Findet ihr nicht?«

Er dreht sich mit fliegenden Gewändern einmal im Kreis, schnuppert mit geschlossenen Augen die Luft und stößt diese mit einem wohligen, fast lustvollen Seufzen wieder aus.

»Ich *denke* nicht nur, nein, ich *fühle* mit meinem ganzen Körper, wie wunderbar bereichernd die Arbeit an Projekt X ist. Damit könnten wir unserem großen Ziel – der Selbst-erfüllung – ein ganzes Stück näher kommen. Was macht es da schon, dass ein wenig Restrisiko dabei ist? Ich finde, das macht es sogar noch etwas aufregender und sollte uns veran-lassen, mit noch mehr Energie ans Werk zu gehen.«

Mit einem sanften und zugleich intensiven Blick in die Runde nimmt der Sinnliche Teil wieder Platz. Der Eitle steht in aller Seelenruhe von seinem Platz auf, zupft eine Haar-strähne zurecht und mustert mit herausforderndem Blick den Faulpelz und den Angsthasen. »Verehrte Teile, ich fasse mich kurz: Wir sollten vor allem bedenken, wie unsagbar peinlich es an dieser Stelle des Projektes wäre, wenn wir abbrächen. Das käme einem Gesichtsverlust gleich. Schließlich haben wir schon so vielen von den großen Errungenschaften berich-tet, die Projekt X ermöglichen wird. Ich würde so weit gehen zu sagen: Projekt X ist alternativlos.«

Er macht eine kurze, rhetorisch äußerst geschickte Pause, blickt seinen Verbündeten und zum Schluss dem Selbst tief in die Augen.

»Es steht daher außer Frage, dass wir *natürlich* weiter-machen. Alles andere wäre, gerade in Bezug auf unser Ansehen und die Außenwirkung unserer Persönlichkeit, unhaltbar.«

»Vielen Dank für die Beiträge«, beginnt das Selbst und fährt, an den Tüftler gewandt, fort. »Ich freue mich, dass du immer wieder neue Ideen entwickelst. Und nachdem dir, lie-ber Pflichtbewusster Teil, das aktuelle Projekt so viel bedeu-tet, möchte ich, dass ihr in den nächsten Tagen weiter daran arbeitet.«

Das Selbst wehrt einen Einspruch des Angsthasen ab und fährt fort: »Und die Interessen des Faulen Anteils haben ihre Berechtigung. Schließlich wollen wir den Erfolg von Projekt X doch auch ausgiebig feiern, oder? Dazu brauchen wir etwas Abstand, Pause und Ruhe. Daher verspreche ich hiermit, dass am nächsten Wochenende eine Auszeit genommen wird und wir die Zeit zur Erholung nutzen werden.«

In die Runde blickend, sagt es abschließend: »Haben das alle Anwesenden verstanden? Gut. Lasst uns jetzt die restlichen Häppchen aufessen, und dann geht's wieder an die Arbeit.«

Solche Konferenzen unserer inneren Anteile finden die ganze Zeit statt. Es gibt immer Entscheidungen zu treffen, welches Verhalten in einer aktuellen Situation gezeigt werden soll oder auch nicht. Dabei sind nicht immer dieselben Anteile mit am Konferenztisch, sondern diejenigen, die von der jeweiligen Entscheidung betroffen sind. Weil diese Beteiligung zuweilen mit sachlichen Argumenten schwer nachvollziehbar ist, kann es auch dazu kommen, dass Anteile mitverhandeln, die auf den ersten Blick fehl am Platze sind. Insbesondere in solchen Fällen ist es für das Selbst gar nicht einfach, Entscheidungen zu treffen.

Damit Sie bei Ihrer nächsten inneren Konferenz einen besseren Überblick haben, werden Sie gleich ein Bild Ihres inneren Teams zeichnen. Sie können das gern wörtlich nehmen und drauflosmalen: Wie sieht Ihr innerer Konferenzstich aus? Behaglicher Landhausstil mit offenem Kamin, schlichtes

Büroambiente oder Penthouse mit Blick über die Stadt? Welche Anteile haben sich aktuell darum versammelt? Wer sitzt neben wem, hat wie viel Redezeit, ist wann in der Rednerliste zur aktuellen Tagesordnung vorgesehen?

Lassen Sie Ihrer Fantasie freien Lauf.

Für den Fall, dass Ihr Kreativer Anteil momentan nicht so leistungsbereit ist, biete ich Ihnen zunächst eine etwas schlichtere Methode an, um Ihr inneres Team abzubilden.

Stellen Sie sich hierzu vor, Sie machen ein Gruppenfoto von Ihren Anteilen. Allerdings nicht auf die klassische Art und Weise mit langem Hin-und-her-Gerücke, bis alle auf ihren Plätzen sind, und irgendwann sagt der Fotograf, der *vor* der Versammlung steht, dann: »Lächeln, bitte!«

In unserer Version blickt die Kamera *von oben* auf die Protagonisten herab. Und es wird auch nichts gestellt oder inszeniert, sondern ein Schnappschuss der aktuellen Situation gemacht. Die Kamera hängt dabei an der Zimmerdecke, sodass wir den Abgebildeten auf die Köpfe schauen.

Hierzu zeichnet man zunächst in die Mitte eines leeren Blatts das Selbst ein. Denn es steht im Zentrum der Persönlichkeit, und die anderen Anteile sind darum gelagert. Manche im Rücken (diese sind eher unbewusst), manche im Blickwinkel des Selbst (diese sind eher bewusst). Manche sind näher dran (aktuell größerer Einfluss) und manche weiter vom Selbst entfernt (aktuell geringerer Einfluss).

Anschließend geht man daran, die Anteile um das Selbst herum zu positionieren. Da sich das fertige Bild der aktuellen Persönlichkeitsstruktur erst mit der Zeit ergibt, bietet es sich an, entweder mit Bleistift oder zunächst mit kleinen

Zetteln zu arbeiten, auf denen jeweils der Name eines Anteils steht. Dann kann man einfacher verschieben und am Ende die Positionen fest eintragen.

Das Ergebnis könnte beispielsweise aussehen wie mein aktuelles Strukturbild. In der Abbildung sehen Sie, wie sich meine *Persönlichkeitsanteile* in diesem Moment um mein Selbst versammeln.

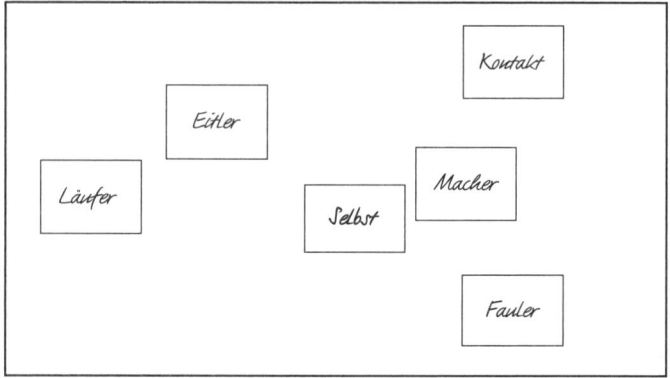

Mein *Macher-Anteil* ist ganz nah am Selbst und hat gerade den größten Einfluss auf mein Verhalten. Er sorgt dafür, dass ich die Tastatur bediene und diesen Satz schreibe. Er entwickelt Ideen, wie ich dieses Buch gestalten und »rund« machen kann. Allerdings ist er langsam schon etwas erschöpft und blickt mit freudiger Erwartung auf den Abschluss dieses Projektes – auch deswegen, weil es ja noch so viele andere spannende Ideen gibt, denen er sich widmen möchte.

Etwas weiter weg kontrolliert mein *Eitler Teil,* ob das, was der *Macher* hervorbringt, auch dazu in der Lage ist, bei Ihnen einen guten Eindruck zu hinterlassen. Schließlich stelle ich mich mit jedem Buch der Öffentlichkeit – und darin steckt viel Futter, damit sich der *Eitle Teil* in meinem Glanz sonnen kann.

Etwas vom *Macher* verdeckt, aber noch im Sichtfeld des Selbst, macht mein *Kontakt-Teil* – der neu in unserer Teile-Konstellation ist – deutlich, dass es bei diesem Buchprojekt auch darum geht, mit anderen Menschen in Verbindung zu treten. Er verspricht sich, dass ich auch über das Buch hinaus durch Lesungen oder Seminare auf Geschichten und Persönlichkeiten anderer Menschen treffe, die mich bereichern und zu neuen Ideen anregen. Daher stärkt er dem *Macher* den Rücken, wenn sich der *Eitle* in seiner Kritik wieder mal zu harsch oder zu oberflächlich in die tägliche Konferenz einmischt. Allerdings klappt das nur, wenn das Selbst den *Kontakt-Teil* in die Schranken weist, wenn er mich den Telefonhörer in die Hand nehmen oder die Kaffeepause länger als nötig hinziehen lassen möchte.

Schräg hinter dem Selbst steht mein wohlbekannter *Fauler Anteil.* Er ist momentan recht entspannt, weil er genau weiß, dass er ab nächstem Wochenende wieder die Hauptrolle spielen wird. Dann habe ich nämlich Urlaub und kann mich ihm und seinem Bedürfnis nach Ruhe und Entspannung wieder voll hingeben. Vom *Eitlen* wird er argwöhnisch in den Blick genommen, schließlich könnte er das Projekt noch zum Kippen bringen, wenn er zu früh sein Recht auf Pause einfordert. Der *Kontakt-Teil* hingegen ist durchaus angetan vom *Faulen,* denn er sieht schon so manchen Grillabend im Kreise von Familie und Freunden vor sich, die sein Bedürfnis nach Austausch mit anderen befriedigen werden.

Neu in dieser Teile-Konstellation ist auch mein *Läufer.* Das ist der Anteil, der mich dazu bringt, körperlich aktiv zu werden, zum Joggen, Baden oder Bergsteigen zu gehen. Er hat sich die letzten Wochen zurückgezogen. Er ahnte wohl, dass er nicht viele Punkte machen würde in der heißen Phase des aktuellen Projekts. Aber jetzt, wo das dem Ende zugeht, tritt er wieder mehr ins Licht und macht darauf aufmerksam, dass es allerhöchste Zeit wird, vom Schreibtisch aufzustehen und nach draußen zu gehen. Heute Morgen habe ich ihn auf einer kleinen Runde am Fluss fürs Erste beruhigen können. Dem *Eitlen* ist das nur recht, denn schließlich gehören ja nicht nur inspirierende Gedanken, sondern auch ein ansehnliches Spiegelbild zu seinen Interessen. Der *Faule* ist sich noch nicht ganz sicher, ob der *Läufer* ein Verbündeter ist oder einer, der seine Pläne durchkreuzt.

Der *Macher* nimmt von den anderen kaum Notiz, dazu ist er viel zu sehr mit seiner Arbeit beschäftigt.

So viel zu meinem aktuellen Persönlichkeitsprofil. Jetzt sind Sie dran:

Um Ihr *Bild der inneren Struktur* zu erstellen, schlagen Sie jetzt bitte eine neue Seite in Ihrem Buch auf, zeichnen Sie das Selbst in die Mitte und gruppieren Sie Stück für Stück alle Anteile darum, die im Moment wichtig sind. Falls es Ihnen leichter fällt, können Sie sich auch eine bestimmte Situation vorstellen – der nächste Kundentermin, die nächste Gehaltsverhandlung, das nächste Date – und die entsprechende Mannschaft Ihrer Persönlichkeitsanteile zusammenstellen.

Welcher Anteil fühlt sich wohl auf seiner Position, welche Anteile sind miteinander in Kontakt, welche würden sich gern neu positionieren?
Sprechen Sie mit Ihren Anteilen. Lassen Sie jeden einzelnen zu Wort kommen – auch wenn es vielleicht nicht unbedingt die diplomatischsten Worte sind.

Wenn jeder Anteil gesagt hat, was er zu sagen hatte, können Sie zu guter Letzt noch einen kurzen Blick in eine mögliche Zukunft werfen.

Nun sind Sie ein letztes Mal dran und verdeutlichen sich eine mögliche Entwicklung Ihrer Persönlichkeitsstruktur.
Hierzu schlagen Sie erneut eine leere Seite Ihres Buchs auf und zeichnen das Selbst in die Mitte. So wie gerade eben auch.
Und nun zeichnen Sie jeden Ihrer inneren Anteile an die Stelle, an der Sie ihn gern positioniert wüssten. Auch das kann mehrere Anläufe brauchen, bis sich ein fertiges Bild ergibt.

Ich möchte Ihnen das wieder am Beispiel meiner eigenen Persönlichkeitsstruktur verdeutlichen: Wenn ich das letzte Wort geschrieben haben werde, wird sich einiges umstrukturieren (siehe Abbildung). Der *Macher* wird sich, erschöpft von der ganzen Arbeit, an den Rand setzen, sich ein verdientes Feierabendbier aufmachen und aus der Distanz die nächsten

Projekte in Augenschein nehmen. Ich werde ihn nicht allzu sehr bitten müssen, seine Bedürfnisse hintanzustellen. Dazu weiß er einfach viel zu genau, wie sehr ich ihn mag und dass so manche Idee, die er in der Pipeline hat, schon die ersten inneren Bilder bei mir erzeugt.

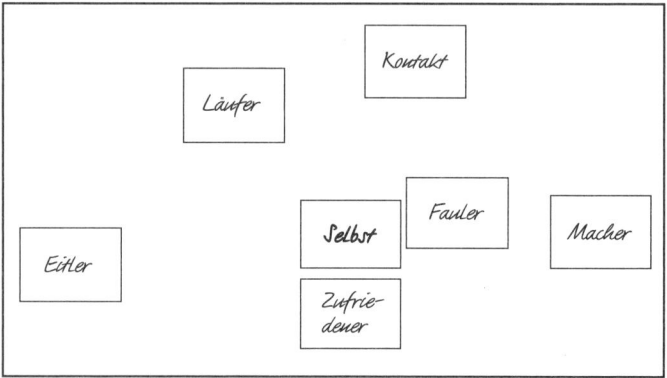

Seinen Platz neben dem Selbst wird umgehend der *Faule Anteil* einnehmen. Selbstsicher wird er die Rolle des Hauptredners auf der nächsten Team-Konferenz einnehmen und das Selbst an sein Versprechen erinnern, dass nun ausreichend Zeit und Raum für seine Anträge sein muss: Couch, Liegestuhl, Badesee – das sind die neuen Schlagwörter, sobald ich das Manuskript an den Verlag geschickt haben werde.

An dieser Stelle wird der *Kontakt-Teil* einwerfen, das Selbst dürfe aber nicht vergessen, dass es auch noch jede Menge Leute um mich herum gibt, die an meiner freien Zeit teilnehmen wollen. Allen voran meine Frau und meine Kinder. Auch wenn sich einiges von dem, was der *Faule* mit mir vorhat, wunderbar mit der Familie verbinden lässt, sollte das Selbst rechtzeitig eine Grenze ziehen, sodass gemeinsame Aktivitäten nicht zu kurz kommen.

»Wir nehmen einfach Bilderbücher und Schwimmflügel mit an den See – so hast du auch was von der Zeit im Liegestuhl«, besänftigt sofort der *Faule* mit einem großmütigen Blick in Richtung *Kontakt.* »Und einen Tisch im Restaurant für ein Essen zu zweit habe ich auch schon reservieren lassen.«

Der *Läufer* wird sich in dieser Konstellation vor dem Selbst positionieren. Dann muss er gar nicht viel reden. Es wird reichen, wenn er zwischendurch mit meinen Laufschuhen winkt, damit ihm das Selbst ausreichend Platz einräumt. In solchen Momenten werden sich allerdings der *Faule* und der *Kontakt* vorübergehend verbrüdern und gegen diese anstrengende und egoistische Idee opponieren. Mal sehen, wer gewinnt.

Den *Eitlen* werde ich mit Worten des Dankes vorübergehend an die Seite bitten und ihm versichern, dass sich die Urlaubszeit hervorragend dazu eignen wird, mich auf die anstehenden Herausforderungen vorzubereiten. Dadurch werde ich ausreichend Energie und Muße bekommen, um mein Aussehen und mein Verhalten regelmäßig im Spiegel zu kontrollieren. Mit einem Zwinkern in Richtung des *Läufers* wird er sich an den Rand stellen und sich selbstverliebt im Handspiegel betrachten, jetzt, wo so ein großes Projekt abgeschlossen ist.

Ein neuer Anteil wird sich in die Runde gesellt haben: der *Zufriedene.* Er ist allerdings für das Selbst nicht wirklich sichtbar, weil er direkt hinter ihm steht. Es sind nur seine beruhigenden Worte zu hören, die er mit sanfter, tiefer Stimme in die Runde spricht: »Das haben wir gut gemacht.«

So stelle ich mir die Situation der abschließenden inneren Team-Konferenz vor. Ich bin schon gespannt.

Bevor sich jetzt erster Widerstand regt: Ich weiß auch, dass sich nicht so mir nichts, dir nichts eine wunderbare Persönlichkeitswelt zaubern lässt, und alle Probleme sind gelöst. Nein, darauf zielt diese Übung auch gar nicht ab. Wenn Sie Ihre beiden Abbildungen miteinander vergleichen, erhalten Sie jedoch eine Ahnung davon, wie Ihre Persönlichkeitsstruktur aussehen *könnte*. Allein dadurch, dass Sie sich eine der unzähligen möglichen zukünftigen Konstellationen Ihrer Persönlichkeit vor Augen gebracht haben, wird Bewegung in Ihr inneres Team kommen.

Für alles Weitere sind Sie nun gefragt: Gehen Sie in Kontakt mit Ihren Anteilen. Fragen Sie höflich, aber bestimmt nach, was der ein oder andere von Ihnen bräuchte, um seine Position zu verlassen oder an eine neue Stelle der Bühne zu treten. Denken Sie dabei immer daran, dass das nur funktionieren wird, wenn Sie jedem Anteil zunächst sagen, was er alles Wertvolles für Sie tut. *Und* dann fordern Sie ihn auf, beiseite- oder näher an das Selbst oder aus dem Schatten ins Licht zu treten.

Ich glaube, damit haben Sie jetzt genug zu tun, sodass ich den Vorhang vor Ihrer inneren Bühne herunterlassen und Sie mit Ihrem einzigartigen Ensemble allein lassen kann.

Sie können diese und alle anderen Übungen immer wieder einsetzen, wenn Ihnen eine Weiterentwicklung Ihrer Persönlichkeit und ihrer Anteile hilfreich erscheint. Ob es sich dabei um die Kellerkinder, um die strahlenden Lichtgestalten oder vielleicht sogar um die verborgenen todsündigen Anteile in Ihrer Persönlichkeit handeln wird, weiß ich nicht. Aber dass es wieder so weit sein wird, ist nur eine Frage der Zeit. Freuen Sie sich schon mal darauf, Sie haben jetzt das notwendige Rüstzeug.

Moment! Eine Aufgabe hätte ich jetzt fast noch vergessen …

Ihr Buch.
Es braucht unbedingt noch einen Titel.
Schreiben, zeichnen, malen, Kartoffeldruck, Serviettentechnik, Collage – es gibt viele Möglichkeiten, wie Sie den Titel für Ihre Persönlichkeit zum Ausdruck bringen können.

Das war's jetzt aber wirklich.
Viel Vergnügen.

»Seht ihr den Mond dort stehen?
Er ist nur halb zu sehen,
Und ist doch rund und schön!
So sind wohl manche Sachen,
Die wir getrost belachen,
Weil unsre Augen sie nicht sehn.«

Matthias Claudius,
Abendlied, 3. Strophe

Verneigung

Es ist vollbracht. Die Protagonisten des inneren Theaters dürfen wieder in ihre Garderoben, sich dem Feierabend beziehungsweise der Premierenfeier widmen, und im Theater der Persönlichkeit kehrt Ruhe ein.

Ich möchte an dieser Stelle nochmals darauf hinweisen, dass die beispielhaft ausgewählten Persönlichkeitsanteile keineswegs eine erschöpfende Auswahl darstellen. Und schon gar keine empirisch belegte. Vielmehr gründet sich das Ensemble auf meine eigenen Erfahrungen, auf den vielen Gesprächen mit Klienten, Seminar- und Studienteilnehmern. Die Beschreibungen der einzelnen Anteile basieren allerdings gänzlich auf meiner Interpretation. Es ist also vollkommen in Ordnung, wenn Sie nicht mit jeder meiner Darstellungen einverstanden sind, solange Sie nachvollziehen können, wie ich darauf komme. Dass die Funktionalitäten und Ressourcen der einzelnen Anteile sich zuweilen ähneln oder sich sogar überschneiden, liegt nicht an einem mangelhaften diagnostischen Blick meinerseits, sondern entspricht der Realität: Wie die Menschen in der großen Welt auch lernen die Mitglieder des kleinen Persönlichkeitskosmos voneinander und vertreten immer wieder ähnliche Interessen.

Auch der Überblick über multiplizite Persönlichkeitstheorien ließe sich noch erweitern – vor allem weil es sicher jede Menge Bücher und Erkenntnisse gibt, die ich nicht kenne.

Es war mir wichtig, Ihnen einen lebendigen und zugleich wissenschaftlich fundierten Zugang zum Thema Persönlichkeit und zu ihrer Entwicklung zu geben. Meine Ausführungen sollen idealerweise zum Nachdenken, zum Schmunzeln und zu neuen Erkenntnissen führen. Wenn das gelungen ist, freut es mich. Feedback, Anregungen und Kritik, sind herzlich willkommen.

Es ist mir wichtig, Dank auszusprechen an die Menschen, die mich auf dem Weg begleitet und in unterschiedlicher Form zu diesem Buch beigetragen haben.

Beginnen möchte ich bei meinen Professoren an der Ludwig-Maximilians-Universität, die im Studium den Grundstock für meine Begeisterung für Psychologie und Systemtheorie gelegt haben. Vor allem die Seminare in Gesprächsführung bei Prof. Dr. Klaus Heinerth beeindrucken mich bis heute. Durch meine Doktorarbeit zum Thema Persönlichkeitsentwicklung konnte ich mich dann ein paar Jahre später bei Prof. Dr. Rudolf Tippelt intensiv mit diesem wunderbaren Thema beschäftigen.

Die Schulen meiner Referendariatszeit zeigten mir auf ihre Weise, wie wichtig mir Beratung und Lehre sind. Und nicht zuletzt danke ich den Trainern und Kollegen bei der GST in München, bei der ich während meiner Systemischen Ausbildungen auch die Parts-Party und das Arbeiten mit inneren Anteilen kennenlernen konnte, was ich jetzt als Lehrtherapeut weiterentwickle.

Dank geht an alle Klienten, Studierenden und Teilnehmer in Ausbildungen und Seminaren, von denen jeder einzelne ein bisschen, und teilweise auch ein bisschen mehr, meine inneren Anteile bereichert hat. Ihre Anteile finden sich in diesem Buch durch die Gespräche, Skulpturen und Teile-Partys wieder, die wir gemeinsam gestaltet haben.

Ich bedanke mich bei Torsten Gauger, Frank Hucke, Effi Kovatsch und Babette Prechtl-Aigner für ihre bereichernden Anregungen, nachdem sie die erste, noch vollkommen publikationsunfähige Version dieses Buchs gelesen haben.

Die Illustrationen von Florian Mitgutsch erwecken die inneren Anteile in meinen Ausführungen zum Leben. Das unterstützt nicht nur den Leser bei der Charakterisierung seiner Charakterelemente, sondern bereichert auch mich selbst.

Meine Literaturagentur AVA International, insbesondere mein Literaturagent Markus Michalek, hat an das Buch und meinen Umgang damit geglaubt, er war und ist ein wertvoller Sparringspartner bei dessen Weiterentwicklung. Vielen Dank dafür. Im gleichen Atemzug gebührt mein Dank auch Random House und dem Kailash Verlag, allen voran meiner Lektorin Caroline Colsman, dem Verlagsleiter Ulrich Ehrlenspiel und dem Außenlektor Ralf Lay. Sie haben überhaupt erst ermöglicht, dass mein Buch den Weg an die Öffentlichkeit findet, und Entscheidendes zum notwendigen Feinschliff beigetragen.

Ich danke meinen Eltern, dass Sie mich zu dem sozialisiert haben, der ich geworden bin. Die Geschichtenerzählkünste meines Vaters berühren mich bis heute, wenn er mir in unzähligen durchgefrorenen Sesselliftfahrten über die Abenteuer vom Füchslein und vom Igelchen berichtete – den großen Helden meines Stofftieruniversums. Oder wenn er bei den vielen Leseabenden, in denen wir geschriebene Geschichten hören durften, irgendwann vor Erschöpfung einschlief. Die Vorliebe meiner Mutter für die Gedichte von Andersen und Ringelnatz, die sie immer zum passenden Moment parat hat, oder die Abenteuer des kleinen »Schnüpperle«, von denen sie an jedem Tag in der Vorweihnachtszeit eine vorlas, sind weitere Beispiele von vielen, die meine ersten Sätze gebildet haben, lange bevor ich schreiben konnte oder wollte. Während meines Schreibens an diesem Buch hat mir mein Vater schließlich zahlreiche Ideen und Hinweise für dessen Gestaltung gegeben.

Der größte Dank gebührt meiner Frau Petra, die mir so sehr einen Erfolg für mein Buch wünscht und mich nicht nur dadurch den ganzen Weg von der ersten Idee bis zum fertigen Werk unterstützt hat. Zudem ist sie meine wichtigste Lektorin: Sie nimmt zum Glück kein Blatt vor den Mund und hat mir zu jeder Zeile ein ehrliches Feedback gegeben.

Vielen Dank und Servus,
   Simon Hahnzog

Literatur

Für alle, die sich noch tiefer in das Thema oder einzelne Facetten davon einlesen wollen, ist im Folgenden eine Auswahl an Literatur angegeben, auf die sich viele der Überlegungen stützen, die ich in diesem Buch beschrieben habe.

Allport, G. (1937). *Personality: A psychological interpretation.* New York: Henry Holt & Co.

Amelang, M./Bartussek, D./Stemmler, G./Hagemann, G. (2006). *Differentielle Psychologie und Persönlichkeitsforschung.* Stuttgart: Kohlhammer.

Aristoteles (1991). *Nikomachische Ethik – Übersetzt von Olof Gigon.* München: dtv.

Aronson, E./Wilson, T. D./Akert, R. M. (2008). *Sozialpsychologie.* München: Pearson Studium.

Asendorpf, J. B. (2007). *Psychologie der Persönlichkeit.* Heidelberg: Springer.

Assagioli, R. (1988). *Psychosynthese – Methoden, Prinzipien, Techniken.* Zürich: Verlag Astrologisch-Psychologischer Institute.

Bauer, U./Hurrelmann, K. (2007). Sozialisation. In: Tenorth, H.-E./Tippelt, R. (Hrsg.). *Lexikon Pädagogik.* Weinheim: Beltz.

Baumgart, F. (Hrsg.) (2008). *Theorien der Sozialisation.* Bad Heilbrunn: Julius Klinkhardt.

Blum, P. R. (2004). *Philosophieren in der Renaissance.* Stuttgart: Kohlhammer.

Braem, H. (1990). *Der Löwe von Uruk – Ein Gilgamesch-Roman.* München: Piper.

Bührmann, T. (2008). *Übergänge in sozialen Systemen.* Weinheim: Beltz.

Dilling, H./Mombour, W./Schmidt, M. H. (Hrsg.) (2008). *Internationale Klassifikation psychischer Störungen – ICD-10 Kap. V – Klinisch diagnostische Leitlinien.* Bern: Hans Huber.

Erikson, E. H. (1966). *Identität und Lebenszyklus.* Frankfurt: Suhrkamp.

F. A. Brockhaus GmbH/Deutscher Taschenbuch Verlag GmbH (Hrsg.) (1989). *Brockhaus Lexikon.* München: dtv.

Festinger, L. (1954). A theory of social comparison. In: *Human Relations,* Nr. 7.

Goethe, J. W. (1986). *Faust – Der Tragödie erster Teil.* Stuttgart: Reclam.

– (2006), *West-östlicher Diwan.* München: dtv.

Graeser, A. (1983). *Die Philosophie der Antike 2: Sophistik und Sokratik, Plato und Aristoteles.* München: Beck.

Grundmann, M. (2006). *Sozialisation.* Konstanz: UVK-Verlags-Gesellschaft.

Häcker, H. (2000). Persönlichkeit. In: Asanger, R./Wenninger, G. (Hrsg.). *Handwörterbuch Psychologie,* S. 530–535. Berlin: Directmedia.

Hahnzog, S. (2011). *Persönlichkeitsentwicklung beim Übergang vom Studium in den Beruf.* München: Utz.

Harner, M. (1999). *Der Weg des Schamanen.* Kreuzlingen: Ariston.

Hesse, H. (2005). *Der Steppenwolf.* Frankfurt: Suhrkamp.

Hurrelmann, K./Grundmann, M./Walper, S. (Hrsg.) (2008). *Handbuch Sozialisationsforschung,* S. 14–31. Weinheim: Beltz.

Ingerman, S. (2008). *Auf der Suche nach der verlorenen Seele.* Kreuzlingen: Ariston.

Jonas, K./Stroebe, W./Hewstone, M. (2007). *Sozialpsychologie.* Heidelberg: Springer.

Jung, C. G. (1969). *Über die Grundlagen der analytischen Psychologie.* Zürich: Rascher.

– (1976), *Die Archetypen und das kollektive Unbewusste – Gesammelte Werke Bd. 9.1.* Freiburg: Walter.

Kant, I. (1980). *Anthropologie in pragmatischer Hinsicht.* Hamburg: Meiner.

Knauer, C. (1990). *Das magische Viereck bei Niccolo Machiavelli.* Würzburg: Königshausen & Neumann.

Köhler, T. (1998). *Psychische Störungen.* Stuttgart: Kohlhammer.

Kriz, J. (2007). *Grundkonzepte der Psychotherapie.* Weinheim: Beltz.

Lange-Eichbaum, W./Kurth, W. (1967). *Genie, Irrsinn und Ruhm.* Frechen: Komet.

Lempert, W. (2009). *Berufliche Sozialisation.* Baltmannsweiler: Schneider Verlag Hohengehren.

Lütz, M. (2011). *Irre! Wir behandeln die falschen – Unser Problem sind die Normalen.* Gütersloh: Gütersloher Verlagshaus.

Macchiavelli, N. (1977). *Discorsi.* Stuttgart: Kröner.

Maslow, A. H. (2008). *Motivation und Persönlichkeit.* Reinbek: Rowohlt.

McCrae, R. R./Costa jr., P. T. (2003). *Personality in Adulthood – A Five-Factor Theory Perspective.* New York: The Guilford Press.

Miller, D. L. (1974). *The New Polytheism.* New York: Harper & Row.

Möller, H.-J./Laux, G./Deister, A. (2009). *Psychiatrie und Psychotherapie.* Stuttgart: Thieme.

Neyer, F. J./Lehnart, J. (2008). Persönlichkeit und Sozialisation. In: Hurrelmann, K./Grundmann, M./Walper, S. (Hrsg.). *Handbuch Sozialisationsforschung,* S. 82–91. Weinheim: Beltz.

Pervin, L. A./Cervone, D./John, O. P. (2005). *Persönlichkeitstheorien.* München: Reinhardt.

Peters, U. H. (2000). *Lexikon Psychiatrie, Psychotherapie und medizinische Psychologie.* München: Urban & Fischer.

Platon (1950). *Der Staat (Politeia). Über das Gerechte.* Stuttgart: Reclam.

Ritscher, W. (2009). Zur Geschichte der Familientherapie. In: *Kontext – Zeitschrift für systemische Therapie und Familientherapie,* Bd. 40, Heft 1/2009, S. 3–31.

Rousseau, J.-J. (2008). *Der Gesellschaftsvertrag oder Die Prinzipien des Staatsrechts.* Wiesbaden: Marix.

Rowan, J. (1990). *Subpersonalities – The people inside us.* London: Routledge.

Saß, H./Wittchen, H.-U./Zaudig, M./Houben, I. (2003). *Diagnostisches und Statistisches Manual Psychischer Störungen – DSM-IV-TR.* Göttingen: Hogrefe.

Satir, V. (2006). *Meine vielen Gesichter.* München: Kösel.

Satir, V./Banmen, J./Gerber, J./Gomori, M. (2011). *Das Satir-Modell.* Paderborn: Junfermann.

Schlippe, A. v./Schweitzer, J. (2003). *Lehrbuch der systemischen Therapie und Beratung.* Göttingen: Vandenhoeck & Ruprecht.

Schulz von Thun, F. (2004). *Miteinander Reden 3. Das »Innere Team« und situationsgerechte Kommunikation.* Reinbek: Rowohlt.

Schwartz, R. C. (1997). *Systemische Therapie mit der inneren Familie.* München: Pfeiffer.

Shakespeare, W. (1986). *Wie es euch gefällt/As you like it.* Ditzingen: Reclam.

Tart, C. T. (Hrsg.) (1975a). *Transpersonal Psychologies.* London: Routledge & KeganPaul.

Ulich, D. (1987). *Krise und Entwicklung.* München: Psychologie Verlags Union.

Veith, H. (2008). *Sozialisation.* München: Reinhardt.

Zimbardo, P. G./Gerrig, R. J. (2008). *Psychologie.* München: Pearson.

Film- und Medienverzeichnis

Aronofsky, D. (2010). *Black Swan.* Frankfurt: Twentieth
Century Fox Home Entert.

Cody, D. (2009). *United States of Tara.* New York:
Showtime.

Daniels, M. (1967). *Star Trek – »Mirror, Mirror«.*
Los Angeles: Paramount.

Demme, J. (2006). *Das Schweigen der Lämmer.*
Frankfurt: MGM Home Entertainment.

Fincher, D. (2008). *Fight Club.* Leipzig: Kinowelt.

Lucas, G. (div. J.). *Star Wars.* Frankfurt: Twentieth Century
Fox Home Entert.

Manos, J. (2006). *Dexter.* New York: Showtime.

Rubin, J. (2009). *Star Trek – Alternative Realities.*
Unterföhring: Paramount.

Glückliche Beziehungen durch Urvertrauen

288 Seiten. ISBN 978-3-424-63107-4

Stefanie Stahl hat einen neuen, wirksamen Ansatz zur Arbeit mit dem »inneren Kind« entwickelt: Er geht von dem verletzten »Schattenkind« aus, in dem unsere negativen Glaubenssätze und die daraus resultierenden belastenden Gefühle abgespeichert sind. Wenn wir Freundschaft mit ihm schließen, lässt sich das »Sonnenkind« befreien – unser lebenszugewandter, freudiger und starker Wesenskern, der glückliche Beziehungen und ein Leben in Fülle erst möglich macht.

Überall, wo es Bücher gibt, und unter www.kailash-verlag.de

Die Magie des inneren Lachens

312 Seiten. ISBN 978-3-424-63116-6

Freude ist pure Lebensenergie, sie schenkt uns Kraft und
Selbstvertrauen. Doch wie können wir sie in kritischen
Situationen bewahren? Darüber weiß Michael Stuhlmiller
mehr als jeder andere, denn er ist Clown. Erstmals stellt
er seine »Clown-Methode« vor, die uns lehrt, selbst im
Scheitern noch zu gewinnen: indem wir unsere Welt durch
Spiel bewegen und Druck positiv nutzen.

Überall, wo es Bücher gibt, und unter www.kailash-verlag.de